SEMIPRESIDENCIALISMO NO BRASIL

Experiências constitucionais comparadas e Conformação

JOÃO VICTOR PRASSER

Prefácio
Michel Temer

Apresentação
Luís Roberto Barroso

Posfácio
Bruno Dantas

SEMIPRESIDENCIALISMO NO BRASIL

Experiências constitucionais comparadas e Conformação

Belo Horizonte

2023

© 2023 Editora Fórum Ltda.

É proibida a reprodução total ou parcial desta obra, por qualquer meio eletrônico, inclusive por processos xerográficos, sem autorização expressa do Editor.

Conselho Editorial

Adilson Abreu Dallari
Alécia Paolucci Nogueira Bicalho
Alexandre Coutinho Pagliarini
André Ramos Tavares
Carlos Ayres Britto
Carlos Mário da Silva Velloso
Cármen Lúcia Antunes Rocha
Cesar Augusto Guimarães Pereira
Clovis Beznos
Cristiana Fortini
Dinorá Adelaide Musetti Grotti
Diogo de Figueiredo Moreira Neto (*in memoriam*)
Egon Bockmann Moreira
Emerson Gabardo
Fabrício Motta
Fernando Rossi
Flávio Henrique Unes Pereira

Floriano de Azevedo Marques Neto
Gustavo Justino de Oliveira
Inês Virgínia Prado Soares
Jorge Ulisses Jacoby Fernandes
Juarez Freitas
Luciano Ferraz
Lúcio Delfino
Marcia Carla Pereira Ribeiro
Márcio Cammarosano
Marcos Ehrhardt Jr.
Maria Sylvia Zanella Di Pietro
Ney José de Freitas
Oswaldo Othon de Pontes Saraiva Filho
Paulo Modesto
Romeu Felipe Bacellar Filho
Sérgio Guerra
Walber de Moura Agra

FÓRUM
CONHECIMENTO JURÍDICO

Luís Cláudio Rodrigues Ferreira
Presidente e Editor

Coordenação editorial: Leonardo Eustáquio Siqueira Araújo
Aline Sobreira de Oliveira

Rua Paulo Ribeiro Bastos, 211 – Jardim Atlântico – CEP 31710-430
Belo Horizonte – Minas Gerais – Tel.: (31) 99412.0131
www.editoraforum.com.br – editoraforum@editoraforum.com.br

Técnica. Empenho. Zelo. Esses foram alguns dos cuidados aplicados na edição desta obra. No entanto, podem ocorrer erros de impressão, digitação ou mesmo restar alguma dúvida conceitual. Caso se constate algo assim, solicitamos a gentileza de nos comunicar através do *e-mail* editorial@editoraforum.com.br para que possamos esclarecer, no que couber. A sua contribuição é muito importante para mantermos a excelência editorial. A Editora Fórum agradece a sua contribuição.

Dados Internacionais de Catalogação na Publicação (CIP) de acordo com ISBD

P911s	Prasser, João Victor 　　Semipresidencialismo no Brasil: experiências constitucionais comparadas e Conformação / João Victor Prasser. Belo Horizonte: Fórum, 2023. 　　198p. 14,5x21,5cm 　　ISBN 978-65-5518-617-8 　　1. Semipresidencialismo. 2. Direito constitucional comparado. 3. Ciência política. 4. Presidencialismo de coalizão. I. Título. 　　　　　　　　　　　　　　　　　　　　　　　　　　　CDD: 342 　　　　　　　　　　　　　　　　　　　　　　　　　　　CDU: 342

Ficha catalográfica elaborada por Lissandra Ruas Lima – CRB/6 – 2851

Informação bibliográfica deste livro, conforme a NBR 6023:2018 da Associação Brasileira de Normas Técnicas (ABNT):

PRASSER, João Victor. *Semipresidencialismo no Brasil*: experiências constitucionais comparadas e Conformação. Belo Horizonte: Fórum, 2023. 198p. ISBN 978-65-5518-617-8.

À minha mãe (*in memoriam*).

AGRADECIMENTOS

> *"Ninguém é bom demais, ninguém é bom sozinho e é preciso agradecer."*
> Luís Roberto Barroso

Agradeço a Deus, em primeiro lugar, por permitir que eu siga firme no meu propósito, mesmo nos momentos mais turbulentos.

Agradeço à minha mãe, Silvana Ramos Colares (*in memoriam*) – a mulher mais batalhadora que já conheci –, por tudo. Deixou como herança minha educação, permitindo que eu ingressasse na Faculdade de Direito da UFMG e, posteriormente, no aclamado PPGD da UERJ. Estendo meu agradecimento a Andrea, Paolinha e Bea – minha família de coração – por todo o suporte e acolhimento.

Ao meu orientador, Professor Luís Roberto Barroso. Em primeiro lugar, simplesmente por ser quem é: fonte inesgotável de inspiração. Tive o prazer de ser seu estagiário e monitor, naquela que foi a oportunidade mais proveitosa de toda a minha vida. E foi quando me dirigi até o senhor para me despedir que indicou: se eu fosse aprovado no processo seletivo da UERJ, abriria a exceção para me orientar. Cá estamos. Ser seu orientando é motivo de muito orgulho, honra e satisfação. Meu mais sincero agradecimento pela confiança, pela orientação e por cada ensinamento.

Ao Ministro Bruno Dantas, uma das minhas principais referências profissionais e intelectuais. Sempre digo que trabalhar com pessoas que genuinamente admiro é uma das maiores satisfações que posso ter na vida. Aprendi muito com o senhor como aluno e aprendo todos os dias como seu assessor. Poucas pessoas entendem o Brasil e pensam soluções como o senhor e o Ministro Barroso; é uma honra tê-los como mentores, para muito além de qualquer texto. Obrigado pela confiança, pelas oportunidades, por tudo aquilo que já aprendi e ainda espero aprender.

Ao Ministro André Mendonça, pelo aceite do convite para compor a banca e contribuir com este trabalho. De modo especial, pela oportunidade de aprender cotidianamente, ao acompanhá-lo em disciplinas do PPGD da Uninove. Admiro muito a seriedade com que conduz todas as suas responsabilidades e é uma honra estar à sua disposição.

Ao Professor Doutor Bernardo Gonçalves Alfredo Fernandes, meu orientador "de tudo" na graduação da UFMG. A primeira disciplina de mestrado que acompanhei, como aluno de quarto período, foi sua. Dali em diante, uma belíssima caminhada na Vetusta Casa de Afonso Pena. Obrigado pela participação incisiva na minha trajetória acadêmica e profissional. Sobretudo por abraçar a ideia de que eu fizesse o estágio no Supremo Tribunal Federal, que, em última análise, me trouxe até aqui.

Ao ex-Presidente da República, Michel Temer, um dos maiores idealizadores e defensores do semipresidencialismo na esfera pública brasileira, pelo proveitoso diálogo que tivemos rumo ao desenvolvimento do coração deste trabalho. Com um agradecimento especial pela honra que me concedeu ao prefaciar esta obra. Do imediato aceite às palavras gentis, meu muito obrigado, Presidente.

Ao querido Ministro Antonio Anastasia, homem público de primeira grandeza, pela cuidadosa leitura e interlocução.

Aos queridos amigos que me acompanharam nessa jornada, dos quais destaco Gabriel Cruz e Raul Veyl: duas das pessoas que mais admiro intelectualmente, com as quais tenho o privilégio de dialogar e aprender há alguns anos. Gabriel participou ativamente da estruturação das ideias desta obra, foi fundamental para que o trabalho tivesse pé e cabeça. Raul, minha dupla de Vetusta desde o primeiro semestre, parceiro de "consórcio", igualmente.

Aos companheiros das três experiências profissionais que marcaram meu mestrado: dos tempos de STF, na pessoa do meu então chefe imediato, Alonso Freire, que sempre me estimulou a estudar na UERJ; dos tempos de ALMG, na Presidência da CCJ e Liderança do Governo, na pessoa do meu parceiro implacável, Leonardo Silva, com quem muito aprendi sobre política no mundo real; aos colegas de hoje no TCU, na pessoa da Adelma, parceira de soluções para todas as horas.

Por último, e definitivamente não menos importante, agradeço ao meu assistente no Gabinete do Ministro Bruno Dantas, Leonardo Ávila. Um jovem de futuro brilhante, com quem muito me identifico e tenho a sorte de contar como fiel escudeiro. Parceiro aguerrido e incansável, me acompanhou desde os primórdios da escrita. Teve um papel imprescindível de apoio neste trabalho. Por esta e por todas as outras, meu eterno agradecimento.

Brasília, 30 de agosto de 2023.

"There are no accidents in politics."
Joseph Patrick Kennedy

SUMÁRIO

PREFÁCIO
Michel Temer 15

APRESENTAÇÃO
Luís Roberto Barroso 19

SEMIPRESIDENCIALISMO: UMA ALTERNATIVA A SER
CONSIDERADA 19
I   O autor 19
II   A obra 20
III   Conclusão 21

INTRODUÇÃO 23

CAPÍTULO 1
SEMIPRESIDENCIALISMO 35
1.1   Sistemas de governo 36
1.1.1   Presidencialismo 37
1.1.2   Parlamentarismo 40
1.1.3   Semipresidencialismo 42
1.2   Semipresidencialismo: conceito e modelos 45
1.2.1   Conceito 45
1.2.2   Modelos 51
1.2.2.1 Padrão de comportamento presidencial: liderante, moderador e cerimonial 52
1.2.2.2 Métrica dos poderes presidenciais 54
1.2.2.3 Responsabilidade do governo perante o presidente 56
1.3   Prós e contras 58
1.3.1   Vantagens 59
1.3.2   Desvantagens 61

CAPÍTULO 2
EXPERIÊNCIAS CONSTITUCIONAIS COMPARADAS 65
2.1 França 66
2.1.1 História do constitucionalismo francês 66
2.1.2 Semipresidencialismo: poderes do presidente; poderes do governo; interface entre os poderes 70
2.1.2.1 Os poderes do presidente 71
2.1.2.2 Poderes do governo 77
2.1.2.3 Interface entre os poderes 81
2.1.3 Histórico recente 87
2.2 Portugal 93
2.2.1 História do constitucionalismo português 93
2.2.2 Semipresidencialismo: poderes do presidente; poderes do primeiro-ministro; interface entre os poderes 96
2.2.2.1 Poderes do presidente 96
2.2.2.2 Poderes do governo 104
2.2.2.3 Interfaces entre os poderes 110
2.2.3 Histórico recente 115
2.3 Rússia 119
2.3.1 História do constitucionalismo russo 119
2.3.2 Semipresidencialismo: poderes do presidente, poderes do governo e do primeiro-ministro, interface entre os poderes 123
2.3.2.1 Poderes do presidente 124
2.3.2.2 Poderes do governo 127
2.3.2.3 Interfaces entre os poderes 129
2.3.3 Histórico recente 132
2.4 Contribuições das experiências constitucionais comparadas para o Brasil 141

CAPÍTULO 3
CONFORMAÇÃO DE UM *SEMIPRESIDENCIALISMO BRASILEIRO* 143
3.1 Origens políticas do presidencialismo de coalizão 144
3.2 A contraposição entre o núcleo normativo do semipresidencialismo e as disfuncionalidades do modelo de 1988 152
3.2.1 Governo Collor 152
3.2.2 Governo Dilma 153
3.2.3 Conclusão parcial 156
3.3 Conformação 158

3.3.1	Notas preliminares: cláusulas pétreas; (ausência de) necessidade jurídica e conveniência política de consulta popular e vacância..	158
3.3.2	O papel do Senado Federal	164
3.3.3	Responsabilização do governo perante o presidente	168
3.3.4	Contrato de coalizão..	173

CONCLUSÃO 179

POSFÁCIO
Bruno Dantas 183

REFERÊNCIAS.. 187

PREFÁCIO

O presidencialismo brasileiro está, com a licença da expressão, roto e esfarrapado. Nosso modelo tem se demonstrado cada vez menos capaz de conter as crises da política, promovendo traumas institucionais onde outros arranjos de governo poderiam promover soluções pacíficas. Nestes 35 anos de vigência da Constituição Federal, já vivenciamos dois impedimentos, além das centenas de pedidos que recaíram sobre cada ocupante do ofício presidencial. A bem da verdade, todo presidente tem governado com a sombra de um impeachment – um grave contrassenso constitucional. Afinal, impeachment não é voto de desconfiança. São institutos que não podem ser confundidos.

Paralelamente, nosso presidencialismo foi corroído pela multiplicação de partidos sem doutrina. Há um hiato entre a orientação partidária e a votação do parlamentar individualizado. O termo partido deixou até mesmo de ser adequado. Hoje, no Brasil, temos agremiações partidárias. Costumo registrar, a partir da minha própria experiência, que, na votação de projetos de iniciativa do Executivo, por vezes não se pode contar sequer com metade dos parlamentares de partidos que supostamente integram a maioria governamental.

É bom que se diga, tão logo, que não há sistema de governo perfeito. Alguns, no entanto, oferecem mecanismos mais razoáveis e menos traumáticos do que outros. O mundo está em constante transformação, e as estruturas políticas devem se adaptar para responder aos desafios emergentes. Interpretá-los e propor alternativas constitucionalmente adequadas é um dever democrático de todos nós.

Como se sabe, tenho defendido, já há algum tempo, a adoção do semipresidencialismo no Brasil. Nessa modalidade híbrida, que condensa elementos dos sistemas puros de governo – presidencialismo e parlamentarismo –, a chefia de Estado distingue-se da chefia de governo, ficando esta para o primeiro-ministro e o gabinete, o que impede traumas institucionais decorrentes de impedimentos. O pressuposto de constituição do governo é o estabelecimento da maioria parlamentar. Se este perder essa maioria, imediatamente outra se formará e o novo governo será instalado, com muita naturalidade. Essa é a primeira vantagem.

A segunda é que o parlamentar, que hoje depende de verbas por ele levadas a estados e municípios para buscar a reeleição, passa a ser responsável pela execução, portanto, pelo governo, e não apenas pela legislação. Assim, quando buscar a reeleição, se for do bloco da situação, haverá de dizer "governei bem"; se da oposição, "opus-me adequadamente". Ou seja, qualifica sobremaneira o nível das discussões políticas no país.

Pois bem. No começo de 2022, ao participar de um evento em São Paulo, um rapaz se aproximou e se apresentou. Seu nome era João Victor Prasser. Disse-me que estava escrevendo uma dissertação de mestrado sobre semipresidencialismo e que gostaria de marcar um café para trocar algumas ideias. Recebi-o poucos dias depois em meu escritório, quando tivemos uma longa e proveitosa conversa.

Já naquele dia, pude observar uma maturidade intelectual deveras incomum para um jovem de apenas 26 anos, à época. Ainda trocaríamos mais algumas reflexões até a conclusão de sua dissertação, que viria a ser aprovada com "distinção" e "recomendação de publicação". E não poderia ser diferente: João produziu, de fato, um trabalho louvável. E, no próprio dia de sua defesa, convidou-me para prefaciar a eventual a obra que o leitor agora desfrutará. Aceitei honrado, ciente da qualidade de sua construção argumentativa.

Neste livro incisivo, o autor examina cuidadosamente as mazelas do presidencialismo de coalizão e as confronta com as qualidades do semipresidencialismo, sob as lentes da análise constitucional. Ao assim proceder, ele não apenas investiga as bases teóricas do sistema em si, como também avalia relevantes experiências internacionais, proporcionando uma leitura rica e multifacetada do tema.

A obra nos convida a pensar além das práticas tradicionais e a imaginar um sistema em que Executivo e Legislativo não coexistam em propensão sistêmica ao conflito, mas convivam de forma harmoniosa pela promoção do bem comum. Um sistema que conservaria a presença de um presidente eleito pelo voto direto, com funções também relevantes – em atenção a nossa cultura socioinstitucional –, mas que também proporcionaria mecanismos adequados para a contenção de crises políticas, além de estímulos à corresponsabilidade governativa.

Digo, na qualidade de quem vivenciou por dentro os desafios e as vulnerabilidades do presidencialismo brasileiro, que o que mais me instiga neste trabalho é a coragem de enfrentar, com tamanha profundidade científica, um tema por vezes tão mal compreendido. O autor pavimenta o caminho para a superação de resistências ora levantadas contra a adoção do modelo no Brasil.

Para além da questão eminentemente central, João Prasser examina uma série de complexidades inerentes à eventual implementação do sistema, pelo que muito contribui para o debate legislativo. No meu modo de ver, três delas merecem destaque, e foram objeto de debate já na nossa primeira conversa. A primeira diz respeito ao necessário reposicionamento institucional do Senado Federal, visto que não há experiência concreta de semipresidencialismo com senados fortes como o brasileiro. O autor apresenta uma audaciosa proposta para conservar a expressiva relevância da instituição, sem prejudicar a funcionalidade do sistema. Um verdadeiro convite ao debate. A segunda parte da necessidade de uma vinculação pública e objetiva entre governo e parlamento, para que a relação se torne verdadeiramente programática. Já a terceira nos lembra que o semipresidencialismo é um projeto para o futuro. Tenho reiterado isso sempre que trato do assunto: a eventual modificação só poderia produzir efeitos a partir de 2030, respeitada a possibilidade de reeleição do presidente que ascendeu ao cargo na vigência da presente ordem constitucional.

A capacidade de debater e reconsiderar as bases de nosso sistema político é um sinal de maturidade democrática. E é por isso que trabalhos como este são tão valiosos – pelo que nos convidam a olhar para além do horizonte imediato, a pensar no futuro do país e a considerar novas possibilidades para fortalecer nossa democracia. Estou certo de que o semipresidencialismo oferece um primoroso caminho a ser explorado.

É tempo de pensar numa *"Revolução das Rosas"* para o Brasil. Rumo à pacificação da política nacional. Para trocarmos flores e abandonarmos os espinhos.

Felicito o autor por sua profunda e rigorosa investigação acadêmica, com a certeza de que esta obra será uma referência para todos aqueles que buscam construir um futuro político mais harmonioso para o Brasil.

Michel Temer
Doutor em Direito (PUC-SP). Advogado, professor e escritor. Ex-Presidente da República Federativa do Brasil.

APRESENTAÇÃO

SEMIPRESIDENCIALISMO: UMA ALTERNATIVA A SER CONSIDERADA

I   O autor

Viver plenamente é ir em busca dos próprios objetivos com coragem e determinação. Ao iniciar a apresentação do livro de João Victor Prasser, essa é a primeira reflexão que me ocorre. João não é uma dessas pessoas que esperam a vida acontecer. Ele vai buscar. E colhe os louros do seu empenho e da sua ousadia.

Conheci-o quando deixou os estudos em Minas Gerais e mudou-se para Brasília para trabalhar como estagiário no meu gabinete. Transferiu domicílio e faculdade para estar aqui. Não foi pequena a aventura para um jovem de 20 anos deixar o conforto do lar e vir arriscar-se na capital. E, note-se bem, não era para um cargo, uma sinecura, algum lugar de proveito material relevante. João queria aprender bem o seu ofício e achou que estagiar no Supremo Tribunal Federal era um bom caminho. E, para minha honra, achou que eu era a pessoa com quem deveria aprender.

Pouco tempo após sua chegada, disse-me que seu sonho era fazer o mestrado em Direito Público na Universidade do Estado do Rio de Janeiro (UERJ), onde leciono. Um sonho difícil de se realizar pela alta competitividade por cada vaga. Perguntou-me, na ocasião, se eu aceitaria ser seu orientador. Nos últimos tempos, por motivos diversos, só tenho aceitado orientações de doutorado. Mas disse a ele que abriria uma exceção se ele viesse a ser aprovado. Relembro que as provas para ingresso no nosso Programa de Pós-Graduação são desidentificadas. Criamos um espaço acadêmico, na Faculdade de Direito da UERJ, em que as pessoas se gostam, se admiram e se ajudam. Porém, mais que tudo, reina um espírito totalmente republicano. Vale dizer: João não teve nenhum tipo de ajuda para entrar.

Pois ele conseguiu, de novo, o que queria e foi buscar: ingressou no programa, com grande sucesso, numa disputa de cerca de 15 candidatos por vaga. E como dissertação para conclusão do mestrado, produziu o presente trabalho. Também eu cumpri a minha parte: fui seu orientador e estou aqui apresentando o belo trabalho que produziu, explorando um tema delicado no campo minado das discussões sobre reforma política no Brasil, cujo objeto é a mitigação do hiperpresidencialismo nacional.

II A obra

O presidencialismo de coalizão tem se apresentado, cada vez mais, como uma usina de problemas. No centro das merecidas críticas que tem recebido, residem duas disfuncionalidades bem identificadas pelo autor: a falta de mecanismos adequados de responsabilização política do chefe do Executivo e a ausência de estímulos à corresponsabilidade governativa.

Partindo desse contexto, o livro apresenta uma solução promissora para aprimorar o código de relação entre o Governo e o Parlamento, sem comprometer os mecanismos de controle: a adoção do semipresidencialismo – tal como defendi ainda em 2006. Esse sistema híbrido de governo concilia aspectos positivos do presidencialismo e do parlamentarismo, com o expurgo de suas tradicionais disfunções, de modo que tem ganhado força como alternativa válida para as condições concretas da vida política brasileira.

O livro introduz o núcleo normativo do semipresidencialismo, destacando flexibilidade e corresponsabilidade como elementos essenciais para a consecução do mútuo processo de controle entre Executivo e Legislativo. Uma contraposição entre esse núcleo normativo e as aventadas disfuncionalidades conduziu a investigação a uma proposta de conformação do semipresidencialismo ao nosso ordenamento constitucional. Para tanto, pondera particularidades do contexto brasileiro, recomendações substantivas advindas da teoria geral desse sistema híbrido e experiências constitucionais comparadas de diferentes países.

O primeiro capítulo se propõe a oferecer subsídios ao estudo da teoria geral do semipresidencialismo no Brasil, de modo que identifica origens, autonomia científica, evolução conceitual, caracterização, matrizes e campos de estudo do sistema híbrido de governo. Esses elementos foram considerados fundamentais pelo autor tanto para estabelecer bases teóricas mínimas quanto para avaliar sua aplicação numa determinada realidade constitucional.

No segundo capítulo, são examinadas experiências constitucionais comparadas. Esse detido estudo se justifica na medida em que, para compreender adequadamente um sistema em relação à sua origem, funcionamento real, tendências, qualidades e riscos, é necessário levar em conta experiências reais em que o constitucionalismo foi ou é marcado por determinadas opções institucionais. Os principais países analisados foram França, Portugal e, curiosamente, a Rússia – caso em que o modelo semipresidencialista foi colocado à prova enquanto anteparo democrático. Mas há também traços de Áustria, Polônia, Timor-Leste, Síria e Egito.

O terceiro capítulo dedica-se ao caso brasileiro, analisando a construção histórico-institucional do presidencialismo ao longo das três repúblicas, com especial atenção para os governos de Fernando Collor de Mello e Dilma Rousseff, que melhor exemplificam as disfuncionalidades identificadas no presidencialismo contemporâneo.

A tese da tese parte de uma síntese desses estudos para desenvolver aquilo que denomina proposta de conformação de um semipresidencialismo brasileiro. Inicialmente, foram analisadas quatro questões procedimentais: o suposto enquadramento do presidencialismo como cláusula pétrea; a necessidade jurídica de consulta popular; o juízo de conveniência política da consulta e o marco temporal da proposta de emenda. Na sequência, foram analisadas três questões de cunho material para a implementação do sistema no país, tidas por essenciais para equacionamento dessa conformação: o enquadramento institucional do Senado Federal; a possibilidade da demissão discricionária do primeiro-ministro pelo presidente e o acerto prévio e público da coalizão governamental.

Enfim, João Victor Prasser oferece as bases para a compreensão do modelo semipresidencial, procura equacionar algumas das dificuldades a serem superadas e, sobretudo, oferece um excelente roteiro para quem deseje participar, de modo bem informado e esclarecido, desse importante debate.

III Conclusão

O modelo brasileiro de organização política precisa ser amplamente problematizado e discutido em alguns de seus aspectos, como o sistema de governo (presidencialismo, parlamentarismo ou semipresidencialismo), sistema eleitoral (voto proporcional em lista aberta ou sistema distrital misto) e o sistema partidário (pulverização e fidelidade). É urgente enfrentar o descolamento entre a sociedade civil e a classe política. O importante trabalho de João Victor Prasser é um bom começo para esse imprescindível debate de aprimoramento das instituições brasileiras. Boa leitura!

Luís Roberto Barroso
Professor Titular da Faculdade de Direito da Universidade do Estado do Rio de Janeiro (UERJ). Ministro do Supremo Tribunal Federal.

INTRODUÇÃO

> "Não existe sistema de governo bom ou mau. Existe sistema de governo que funciona e deixa de funcionar."
> Nelson Jobim

No dia 29 de setembro de 1992, iniciava-se, no Brasil, o processo de *impeachment* do então Presidente, Fernando Collor de Mello. Pouco mais de duas décadas depois, no dia 2 de dezembro de 2015, iniciava-se o processo de *impeachment* da então Presidente, Dilma Rousseff.

Diversas semelhanças podem ser identificadas entre os dois processos, mas duas merecem especial atenção. Primeira: ambos representam casos em que a conformação do presidencialismo brasileiro permitiu que crises de cunho eminentemente *político* se convertessem em crises *institucionais*. A renúncia, no caso de Collor, e a destituição, no caso de Dilma, são marcas inequivocamente traumáticas da história brasileira recente.

Há relativo consenso quanto à causa, comum, de abertura desses processos: a perda de sustentabilidade política no Congresso Nacional. Não afirmamos que não tenha ocorrido crime de responsabilidade, apenas que a motivação primária dos impedimentos esteve na incapacidade dos respectivos presidentes de administrar os dissensos, para formar consensos. Vale dizer, na incapacidade, em dado momento, de exercer a essência da política.

A perda de apoio parlamentar é um fato da política. Incontáveis fatores concorrem para tanto, sejam eles endógenos ou exógenos à função de governar. Gerenciar uma base de apoio parlamentar não é tarefa simples. Mas alguns *gerentes* exercem essa função melhor do que outros, bem como alguns a exercem em circunstâncias mais ou menos apropriadas. De todo modo, como fato da política, da vida, não pode ser de todo evitado. Importa, no entanto, que o impasse fique *na política* – que não transcenda para o plano de ruptura institucional. É preciso ter um marco normativo adequado para responder a tais situações.

No presidencialismo, um presidente não deve governar com a sombra de um *impeachment*, pois não se presume que ele esteja cometendo crime de responsabilidade a todo momento. A má execução do programa de governo e a perda de sustentabilidade são corrigidas, em tese, pela perda confiança do eleitor no próximo pleito. Em paralelo, nos sistemas parlamentaristas e semipresidencialistas, o primeiro-ministro governa com a sombra da confiança parlamentar que o sustenta, pois presume-se que deva bem executar seu programa e manter alinhadas as expectativas de sua base. Se falhar, perderá o apoio e será substituído por aquele capaz de formar o novo consenso.

Quando a lógica dos dois últimos sistemas citados é transposta para o primeiro, está-se diante de uma gravíssima contrariedade. *Impeachment* não é voto de desconfiança. São mecanismos concebidos para conformações eminentemente distintas de distribuição do poder político. São respostas para problemas distintos. Entretanto, no presidencialismo brasileiro de 1988, a *pergunta* deixou de importar já no primeiro mandato presidencial oriundo do voto popular. A medida ameaçaria outros gerentes de coalizão mais habilidosos, até recair sobre outro titular da presidência da República.

Extrai-se dessa similitude uma clara disfuncionalidade: a falta de mecanismos adequados de responsabilização política daquele que chefia o governo. Leia-se, a falta de mecanismos adequados para a contenção de impasses e crises políticas localizadas.

Em entrevista concedida ao programa SAE Talks, Nelson Jobim revelou instigante passagem dos bastidores do *impeachment* de Collor.[1] Ulysses Guimarães havia convocado uma reunião entre as principais lideranças do PMDB, para decidir o posicionamento do partido quanto ao eventual impedimento. Começava-se a se formar o consenso em sentido favorável, quando o então governador de Minas Gerais, Hélio Garcia, contrário ao *uso* do *impeachment*, sugeriu um acordo com o presidente. Collor se afastaria do cotidiano da chefia do governo, que

---

[1] A entrevista foi concedida ao então secretário de Altos Estudos, Pesquisas e Gestão da Informação do Supremo Tribunal Federal, Alexandre Freire, em 19 de agosto de 2022 (STF, 2022).

seria conduzida pelos então ministros da Fazenda e da Justiça, Marcílio Marques Moreira e Célio Borja, pelo que o PMDB se conservaria alheio. Ulysses concordou, e tal conformação chegou a se desenvolver, ainda que por poucos meses.

Naquela reunião, o governador mineiro teria dito: "Se admitirmos o *impeachment*, não sabemos onde isso vai parar, vão querer repetir". Aparentemente, ele sabia.

Pois bem. A segunda semelhança de destaque entre os processos de Collor e Dilma, correlacionada com a primeira, reside na demonstração de um sistema que não oferece estímulos à corresponsabilidade governativa. Em ambos os casos, o contexto que culminou com a abertura dos respectivos processos evidencia a propensão sistêmica ao embate. Isso porque não há o mútuo processo de controle nas relações entre as instâncias políticas, qualificada pelos institutos da confiança parlamentar, como pressuposto de manutenção do governo, e da excepcional dissolução da legislatura.

Por um lado, o presidente da República comanda as grandes orientações de governo e de Estado: concentra funções substanciais, sobretudo legiferantes, regulamentares e orçamentárias. E com o traço distintivo do nosso modelo, a edição de medidas provisórias – já editada a milésima, inclusive, desde que zerada a contagem em 2001. Por outro, o Congresso Nacional pode se ver tentado, ocasionalmente, a responder à superconcentração, por instrumentos como: emendas constitucionais, não sujeitas ao veto presidencial; derrubada de vetos; entendimentos obstativos quanto à tramitação de matérias presidenciais; judicialização; aprovação de propostas de grande impacto orçamentário e, por fim, expansão de seu controle orçamentário – vide o advento das emendas do relator-geral.

O fenômeno pode ser tanto uma resposta quanto um avanço em situações de fragilidade presidencial. O Legislativo, contudo, assim procede sem contrapartida. Diga-se, é limitada à confiança do eleitor, que, num sistema proporcional de lista aberta, raramente os identifica. Além disso, a falta de compromisso partidário ou programático qualifica a falta de responsabilidade do parlamentar, individualizado, que não é, objetivamente, corresponsável pelo governo. Essa disfuncionalidade pode ser identificada em todos os mandatos presidenciais, em maior ou menor medida. Nos casos de Collor e Dilma, evidenciaram até que ponto o relacionamento conturbado pode chegar.

Em última análise, os dois problemas remetem à noção de responsabilidade. Falta responsabilização adequada do Executivo, falta responsabilidade parlamentar e falta corresponsabilidade governativa entre ambos. A bem da verdade, o que se observa é um sistema que *deixou de funcionar*.

Como alternativa, tem ganhado fôlego no debate público a adoção do semipresidencialismo, já defendida publicamente por grandes juristas como Luís Roberto Barroso, Gilmar Mendes, Michel Temer, José Sarney, Nelson Jobim e Antonio Anastasia. Evidente que há diferentes formas de ver a vida entre eles, mas todos compreendem, como poucos, o funcionamento das instituições republicanas.

No caso de Luís Roberto Barroso, diga-se, é de sua autoria o texto seminal sobre o tema no Brasil.[2] Em 2006, uma década antes do segundo *impeachment*, portanto, defendeu a implementação no país, identificando precisamente as aludidas disfuncionalidades. Assim como Hélio Garcia em 1992, Barroso também sabia dos riscos.

No caso do ex-presidente Michel Temer, este chegou a anunciar, no curso de seu governo, que trabalharia pela alteração constitucional, ao lado de Gilmar Mendes. Nenhuma emenda seria aprovada, mas, segundo Temer, o modelo chegou a ser utilizado como estratégia de governo, com o intermédio dos presidentes da Câmara e do Senado – o que teria sido fundamental para a aprovação de suas principais reformas.[3]

Já em 2022, o presidente da Câmara dos Deputados, Arthur Lira, instituiu grupo de trabalho com a finalidade de discutir o semipresidencialismo no Brasil – o GTSISGOV –, coordenado pelo então deputado Samuel Moreira (PSDB/SP), que contou com o apoio de um Conselho Consultivo presidido por Nelson Jobim. Após longos debates, ouvidos especialistas diversos, recomendou-se enfaticamente a implementação, com a sugestão de que seja acompanhada de consulta popular.

Afinal, o que é o semipresidencialismo? E por que tem sido concebido como alternativa ao presidencialismo brasileiro? Semipresidencialismo é o sistema de governo em que a Constituição prevê a coexistência de um presidente eleito diretamente, com mandato fixo, e um governo exercido por um primeiro-ministro e seu gabinete, coletivamente responsáveis perante a legislatura.

---

[2] BARROSO, 2006.
[3] TEMER, 2019.

Trata-se de um sistema híbrido, em que pese autônomo, que condensa duas qualidades notáveis dos sistemas tradicionais. Do presidencialismo, herda a presença de um chefe de Estado eleito diretamente, que goza de ampla legitimidade democrática e conserva na população o senso de identificação e representação real. Do parlamentarismo, herda os mecanismos céleres de substituição do governo, sem que crises políticas localizadas se convertam em crises institucionais de maior gravidade. Paralelamente, afasta disfuncionalidades claras de ambos, tais como a concentração unipessoal do poder.

O núcleo normativo do semipresidencialismo, ao que nos parece, pode ser sintetizado em dois elementos: flexibilidade e corresponsabilidade. O presidente não se desvincula do governo; o primeiro-ministro vincula-se à maioria parlamentar; e o parlamento, ao governo e ao presidente. É, precisamente, o que identificamos por mútuo processo de controle.

É curioso notar que o Brasil já teve uma experiência *próxima* ao semipresidencialismo. Mas apenas próxima. Isso porque, com o advento da Emenda nº 4 à Constituição de 1946, introduziu-se o parlamentarismo, com eleição indireta para o cargo de Presidente da República, na presença de um Presidente eleito pelo voto popular, ainda que originalmente para o cargo de vice. Havia um hiato entre o texto constitucional e os fatos.

Entre 2 de setembro de 1961 e 23 de janeiro de 1963, o Brasil teve um primeiro-ministro responsável perante a legislatura e um presidente que tinha chegado ao poder por meio de uma eleição direta. Para a abordagem deste trabalho, que será apresentada a seguir, isso não tornou o país semipresidencialista durante o período, visto que nunca existiu uma *constituição* semipresidencial. Tinha-se uma constituição presidencialista, convertida por curto período em parlamentarista. Nunca houve, portanto, nessa acepção, semipresidencialismo no país.

Não foi uma experiencia de sucesso. Circunstâncias diversas concorreram para tanto, dentre as quais se destaca precisamente o aludido hiato: a mudança produziu efeitos de imediato, sem um marco institucional claro. Há quem se refira à experiência, seja identificando-a como semipresidencial, seja pelos componentes parlamentaristas do semipresidencialismo, para contraindicar a adoção do sistema híbrido, dada a instabilidade do período. Defende-se que o sistema teria mera pretensão de estabilidade, para acomodar interesses de setores políticos específicos.

Parece-nos falta de hombridade comparar uma experiência de seis décadas atrás, pautada pelas adversidades daquele tempo, à necessária reformulação do relacionamento entre Executivo e Legislativo nos dias de hoje. Não escapa ao trabalho o fato de que a discussão possa, eventualmente, ser promovida por casuísmos. O modelo atual, no entanto, apresenta disfuncionalidades estruturais, para muito além de qualquer interesse personalíssimo.

Partindo-se disso, a problematização da pesquisa assenta-se no seguinte questionamento: de que modo o semipresidencialismo se apresenta como alternativa às disfuncionalidades do presidencialismo brasileiro?

Com efeito, a hipótese deste trabalho é de que o semipresidencialismo – conformado às particularidades da experiência constitucional brasileira – se apresenta como alternativa consistente e promissora para combater as disfuncionalidades ora identificadas, dada a potencial prevalência de seu núcleo normativo em desfavor das adversidades estruturais do atual modelo de presidencialismo brasileiro.

O objetivo central é verificar essa hipótese a partir de substratos teóricos, de experiências constitucionais comparadas e da nossa própria experiência institucional.

Para tanto, a metodologia de desenvolvimento da pesquisa, diante de seus limites, ocorreu a partir de revisão de literatura e análise documental – sobretudo de textos constitucionais: França, Portugal e Rússia, principalmente, além de outras experiências semipresidencialistas como Áustria, Polônia, Timor-Leste, Síria e Egito, em menor medida. A pesquisa se vale de uma leitura preponderantemente dialética, com ênfase na relação entre as disfuncionalidades do presidencialismo brasileiro e seus possíveis contrapontos na conformação do semipresidencialismo.

A abordagem deste trabalho pressupõe a identificação de sistemas de governo como sistemas *constitucionais* de governo. Todo sistema de governo comporta definição adstrita às instituições presentes nos respectivos textos constitucionais. Decerto, outros fatores importam para análises empíricas, mas, no plano da generalidade, não parece haver melhor definição para os sistemas de governo, já que comporta objetividade de análise. Um país é presidencialista, parlamentarista ou semipresidencialista se a respectiva constituição apresenta um conjunto mínimo de instituições. No caso do semipresidencialismo, como dito: a coexistência de um presidente eleito diretamente, com mandato fixo, e um governo exercido por um primeiro-ministro e seu gabinete, coletivamente responsáveis perante a legislatura.

Essa opção conceitual foi confeccionada por Robert Elgie – um dos maiores pensadores e sistematizadores do estudo do semipresidencialismo. A vasta obra de Elgie permeará diversos pontos da presente análise, pelo que oferece à construção fundamentada de uma possível proposta de conformação.

O trabalho está dividido em três capítulos. O primeiro tem por objetivo oferecer subsídio ao estudo da teoria geral do semipresidencialismo no Brasil. Pela denominação, identificamos suas origens, autonomia científica, evolução conceitual, caracterização, matrizes e campos de estudo. Uma vez situado o estudo dos sistemas de governo dentre as formas políticas, analisam-se brevemente os tradicionais modelos puros, antes de adentrar especificamente no semipresidencialismo, como categoria híbrida e autônoma. Do primeiro conceito à definição mais moderna, das primeiras propostas de categorização interna às mais recentes. Possíveis vantagens, desvantagens e desafios de implementação e manutenção. Elementos aqui compreendidos como fundamentais, tanto para o estabelecimento de bases teóricas mínimas quanto para eventualmente analisar sua conformação em determinada realidade constitucional.

No campo das matrizes, três são os critérios mais utilizados para situar variações internas do sistema. O primeiro parte de padrões comportamentais, tais como: de presidente *liderante, moderador* ou *cerimonial*. O segundo parte de inventários específicos de competências presidenciais: os países são classificados a partir de sua pontuação, conforme a presença ou ausência de poderes pré-selecionados. O terceiro e último critério divide o sistema em dois grandes grupos, pois parte de um único poder específico: o de remoção discricionária do governo. Se a Constituição estabelece ou não responsabilidade do governo perante o presidente, além da indispensável responsabilidade perante a legislatura. Aqui, divide-se em *president-parliamentary* e *premier-presidential*.

Em relação às vantagens e desvantagens, o que será observado, em mais de uma ocasião, é que o mesmo elemento pode ser compreendido de formas antagônicas, a partir do ponto de observação. O semipresidencialismo, assim como os sistemas puros, possui experiências de sucesso e fracasso democrático, o que impõe análise cuidadosa a partir das particularidades histórico-institucionais de cada país.

O segundo capítulo ocupa-se de experiências constitucionais comparadas. Constata-se que a análise dos sistemas de governo perpassa, naturalmente, os exemplos de destaque de cada um. Seja para que se conceba a origem, o real funcionamento das instituições, as tendências, as qualidades e os riscos, a devida compreensão de dado sistema não se furtará de considerar as experiências reais em que o constitucionalismo foi ou é marcado por tal opção institucional. É bem dizer: não há análise do presidencialismo, ainda que sumária, sem a experiência norte-americana ou traços do sistema na América Latina, assim como a análise do parlamentarismo não se furtará da experiência inglesa. De igual modo, parte-se da compreensão de que o estudo do semipresidencialismo demanda, no mínimo, atenção à experiência francesa.

O recorte deste trabalho, por evidente, não comporta um campo de análise tão limitado. A lista de países que adotam esse sistema de governo comporta variação substancial. Unidos pela conformação mínima dos aludidos elementos em determinado texto constitucional, modelos deveras distintos são aglutinados na categoria. A escolha dos três países – França, Portugal e Rússia – segue dois critérios centrais: representatividade para o estudo e possíveis contribuições reais para a discussão no Brasil. Mas não somente. Dentre as classificações possíveis do sistema, também buscou-se apresentar tanto modelos *premier-presidential* quanto *president-parliamentary*, bem como padrões de presidente *liderante* e *moderador*, em que o semipresidencialismo se identifica mesmo a partir de conceitos mais abertos e menos se aproxima de outros sistemas – como é o caso da matriz *cerimonial* com o parlamentarismo.

A França, ao contrário do que por vezes se concebe, não foi o primeiro país semipresidencialista do mundo. Foi na Alemanha de Weimar que a primeira Constituição semipresidencialista emergiu. Não deixa, contudo, de ser o país expoente do modelo. Uma das experiências de maior vigência, e, de modo especial, o país em que se identificou pela primeira vez a existência do sistema como próprio e autônomo, nos trabalhos de Maurice Duverger. A conformação constitucional da Quinta República é ponto de partida incontornável para o estudo do semipresidencialismo.

Portugal, cujas relações com o Brasil dispensam comentários, adota o sistema há mais de 40 anos. A Constituição portuguesa de 1976 foi um marco para países que adotaram o sistema do final do século passado em diante, como na África e na Ásia. Além disso, a proximidade com nosso país faz com que Portugal seja uma referência, jurídica e politicamente, mais palpável que a própria França. Alguns dos principais pensadores brasileiros do tema colheram da vasta doutrina portuguesa insumos para identificar disfuncionalidades e alternativas ao presidencialismo.

A Rússia adota, desde 1993, o sistema semipresidencialista como opção constitucional. Pelo critério de Robert Elgie, não se levanta qualquer dúvida quanto a caracterização do sistema, à despeito do real funcionamento das instituições. O semipresidencialismo como *situação* em que o texto constitucional prevê determinados elementos comporta algumas distorções no plano real. E a Rússia é um dos melhores exemplos disso. Permanece, no entanto, um país semipresidencialista de acordo com o conceito dominante na literatura especializada – do qual o presente trabalho se vale.

A possível confusão conceitual torna a Rússia um caso pertinente de análise, mas essa está longe de ser a principal razão para sua presença na dissertação. Quando adotado, o sistema configurou a opção russa para a conformação do poder político após a dissolução da União Soviética. Por alguns anos, nos quais ainda se podia identificar a existência de uma democracia de fato, o semipresidencialismo efetivamente regeu as relações horizontais do poder. Mas fracassou como projeto para uma jovem democracia. Dentre os riscos e desvantagens do semipresidencialismo, a conversão em hiperpresidencialismo – e, no limite, em autocracia – constitui o maior temor.

Se o estudo isolado das instituições russas hoje é de pouca valia ou mesmo contraproducente, compreender o que aconteceu naquela experiência constitucional, de fracasso democrático do semipresidencialismo, se torna indispensável.

Importa assimilar que o aludido risco não é mero exercício teórico. Países com experiências marcantes de autoritarismo, ou ameaças recentes, devem levar em conta ao discutir eventual implementação, sobretudo para conformar o sistema de modo a limitar tais circunstâncias. Seria relativamente incoerente desconsiderar experiências de fracasso democrático. E deveras conveniente propagar apenas o sucesso do sistema.

Pensando no caso brasileiro, outro fator torna a Rússia digna de análise. França e Portugal são países unitários cujos respectivos tamanhos se equiparam a estados brasileiros. A Rússia, assim como o Brasil, é um país de dimensão continental que adota a forma federada.

A confluência entre o sistema de governo e a forma de Estado permeia particularidades substantivas, sobretudo quanto à opção de configuração interna do Poder Legislativo, e consequentes repercussões para a composição e funcionamento do governo. Áustria e Rússia são as únicas expressões atuais de países semipresidencialistas federados, visto que maioria acachapante de experiências comparadas reúne semipresidencialismo e Estado unitário.

Novamente, o semipresidencialismo russo emerge como um caso de comparação valiosa para o Brasil, tanto em si como em contraponto aos casos classicamente estudados. Ainda que, para essa referência, seja considerado apenas o recorte em que se identificava verdadeiramente como uma democracia.

Cada um dos três países será analisado a partir de três tópicos: (i) a história do constitucionalismo, até o advento da opção pelo sistema de governo estudado; (ii) as instituições semipresidenciais e (iii) o histórico recente – como o semipresidencialismo se apresenta, ou deixa de se apresentar, na respectiva realidade constitucional atual.

Quanto ao item (ii), o estudo das instituições semipresidenciais também será tripartido, para que sejam considerados isoladamente os poderes do presidente e do governo, com o retoque das interfaces entre ambos. Será demonstrado que a variação dos poderes presidenciais é o fator distintivo entre as diversas feições do semipresidencialismo, de modo que os identificar dentre o possível rol de atribuições é o ponto de partida da análise. Naturalmente, poderes do governo são impactados pelo que se atribui ou deixa de atribuir ao presidente, sendo esse o ponto secundário. Após as considerações analíticas, guiadas pelo texto constitucional, assume especial relevância considerar como se conectam.

Em que pese a mesma análise possa ser feita a partir da métrica ou comportamento presidencial, compreende-se que há ganho epistêmico para a análise localizada, ao se considerar o conjunto da obra. Leia-se: todo o arcabouço normativo presente no texto constitucional que estabeleça regras de distribuição horizontal do poder político.

O objetivo da segunda seção, portanto, é analisar as instituições semipresidenciais em três países paradigmáticos para o estudo do semipresidencialismo, tanto para que melhor se compreenda o sistema em si quanto para pensar o Brasil.

No terceiro capítulo, a atenção se volta especificamente para o caso brasileiro. Inicialmente, importa compreender a construção histórico-institucional do presidencialismo ao longo das "três repúblicas". Em seguida, já na configuração da Constituição de 1988, serão consideradas duas experiências específicas: os governos de Fernando Collor de Mello e Dilma Rousseff, pelo que melhor exemplificam as disfuncionalidades do presidencialismo de coalizão como um todo.

Antes de proceder à análise da conformação das instituições semipresidenciais no Brasil, será registrada uma conclusão parcial: a contraposição entre o núcleo normativo do semipresidencialismo e as disfuncionalidades do modelo atual de presidencialismo. A correlação corresponde à parte da hipótese, pelo que antecederá o avanço ao último subtópico do trabalho. Neste, a análise será dividida em duas partes.

Na primeira, considerações preliminares, de cunho procedimental: o suposto enquadramento do presidencialismo como cláusula pétrea; a pretensa necessidade jurídica de consulta popular, como requisito procedimental da eventual proposta de emenda à Constituição; a conveniência política de tal consulta, como requisito de legitimidade e a necessidade de que a modificação só produza efeito, pelo menos, na legislatura subsequente.

Na segunda, considerações materiais, internas à proposta de conformação de *um semipresidencialismo brasileiro*. Isso porque compreendemos que a devida implementação no Brasil precisa equacionar, especialmente, três questões: o papel institucional do Senado Federal; a responsabilização do primeiro-ministro, se limitada ou concomitante; e o acerto prévio e público da coalizão governamental. Por certo, outras merecem atenção, como a exata medida da divisão de responsabilidades entre as duas principais autoridades. A predileção das três, no entanto, pautou-se pela confluência de substratos identificados ao longo da pesquisa, ciente de suas próprias limitações.

Evidente que a adoção do semipresidencialismo no Brasil pressupõe a aprovação de uma emenda à Constituição. E que a nova conformação do sistema de governo seria efetivamente delimitada nos processos de deliberação e votação de tal emenda. O objetivo do terceiro capítulo é justamente oferecer reflexões para esse debate legislativo, pelo que se consumam as conclusões desta obra.

CAPÍTULO 1

SEMIPRESIDENCIALISMO

O objetivo central deste capítulo é oferecer subsídio ao estudo da teoria geral do semipresidencialismo no Brasil. Como dito, o tema ganhou holofotes no debate público nos últimos anos, mas pouco se encontra na literatura nacional com grau razoável de aprofundamento teórico. A proposta de implementação, ora defendida, ora criticada por proeminente juristas e políticos, segue, em regra, sendo discutida sem acompanhamento na produção acadêmica brasileira. Sobretudo no campo do direito constitucional, de onde nasceu o estudo do semipresidencialismo, embora o tema seja mais cuidadosamente analisado na ciência política.

Por teoria geral do semipresidencialismo, identificamos o estudo detido desse sistema de governo: suas origens, autonomia científica, evolução conceitual, caracterização, matrizes e campos de estudo. É nesse sentido que se desenvolve o presente capítulo.

Inicialmente, extrai-se o sistema de governo do estudo das formas políticas. Em sistemas de governo, analisam-se brevemente os tradicionais modelos puros, antes de adentrar especificamente no semipresidencialismo, como categoria híbrida, mas por certo autônoma. Do primeiro conceito à definição mais moderna, das primeiras propostas de categorização interna às mais recentes. Possíveis vantagens, desvantagens e desafios de implementação e manutenção. Elementos aqui compreendidos como fundamentais, tanto para o estabelecimento de bases teóricas mínimas quanto para, eventualmente, analisar sua conformação à determinada realidade constitucional.

1.1 Sistemas de governo

Sistema de governo. Regime político. Forma de Estado. Forma de governo. Conceitos elementares, sem os quais não situamos corretamente o escopo da presente obra.

Antes de abordar especificamente o semipresidencialismo – enquanto sistema de governo que é –, precisamos entender do que exatamente estamos tratando. De qual elemento da organização de um determinado Estado. Sobre qual espectro da esfera política incidiria eventual reforma nesse sentido. Antes mesmo, portanto, de apresentar o conceito de sistema governo, e suas respectivas modalidades, situaremos os elementos centrais da organização estatal.

Por regime político, identifica-se a distribuição vertical do exercício do poder político, leia-se, como se dá o relacionamento institucional entre governantes e governados. Consideram-se a titularidade e o efetivo exercício do poder as formas e os níveis de participação dos governados, a existência e a influência de instituições representativas. Nesse domínio, falamos de regimes democráticos, autocráticos e de transição.

Por forma de Estado, identifica-se a estruturação interna do Estado, sua unidade ou eventuais divisões. Embora também sob uma perspectiva vertical, o que importa aqui é delimitar o relacionamento entre os respectivos entes de determinado poder político, quando múltiplos. A composição e diferenciação da estrutura interna, ancorada por eventual distribuição territorial do poder. As formas tradicionais são: Estado Unitário, Estado Federal, Estado Regional, Estado Unitário com Regiões Autônomas.

Já a forma de governo identifica outro elemento do poder político: o tempo e a forma de sucessão na chefia do Estado. O exercício vitalício ou por período determinado dessa função opõe república e monarquia, cujos traços sumários são, respectivamente, a fixação de mandato e a sucessão, hereditária ou não.

Por fim, e evidentemente não menos importante, sistema de governo. Conforme registra Luís Roberto Barroso, essa categoria "identifica os mecanismos de distribuição horizontal do poder político e, consequentemente, o modo como se articulam os Poderes do Estado, notadamente o Executivo e o Legislativo".[4] No mesmo sentido, Jorge Reis Novais: "(...) diferentes modalidades de relacionamento institucional

---

4   BARROSO, 2006, p. 9.

entre os vários órgãos de exercício do poder político."⁵ O foco, portanto, como extraímos de ambas as definições, está no relacionamento institucional interno ou *horizontal*. Em como se opera a estruturação interna dos próprios governantes. É nesse domínio que identificamos os sistemas puros e tradicionais, presidencialismo e parlamentarismo, e o híbrido – e relativamente novo – semipresidencialismo.

Como considerações iniciais deste tópico, basta a presente categorização conceitual. Delimitamos, assim, o trabalho na esfera dos sistemas de governo, sobre os quais se passa a discorrer.

1.1.1 Presidencialismo

Presidencialismo é o sistema de governo em que a constituição prevê um presidente eleito popularmente, com mandato fixo, e um gabinete de ministros não responsável coletivamente perante a legislatura.⁶

Importar registrar, desde já, que a abordagem deste trabalho pressupõe a identificação de sistemas de governo como sistemas *constitucionais* de governo. Vale dizer: os três modelos comportam definições adstritas às instituições presentes nos respectivos textos constitucionais, e, sendo essa a forma tida por adequada para a análise proposta, permearam a qualificação tanto dos sistemas puros quanto do regime híbrido. Decerto, outros fatores importam para análises empíricas, mas, no plano da generalidade, não parece haver melhor definição para os regimes de governo, como a supracitada para presidencialismo, e as que serão oportunamente apresentadas para parlamentarismo e semipresidencialismo.

Pois bem. O primeiro critério definidor de um sistema presidencialista é a eleição popular, direta ou indireta, do presidente para um período fixo. Esse critério é sem dúvida uma condição necessária, mas não é de modo algum uma condição suficiente. Nem todo país que recorre a uma eleição popular direta dos seus presidentes é presidencialista, mas nenhum país será presidencialista sem que sua constituição preveja a eleição popular para a chefia do Executivo.

Este critério demanda esclarecimento quanto ao advérbio *popularmente*, ora identificado ou confundido com *diretamente*. O protótipo do presidencialismo encontra-se na experiência constitucional

---

⁵ NOVAIS, 2021, p. 12.
⁶ ELGIE, 1998.

norte-americana, em que o presidente é eleito por intermédio de um colégio eleitoral *popular*. Na prática, a eleição é indireta, mas difere-se cabalmente dos modelos eleitorais de presidentes em regimes parlamentaristas, em que o colégio tende a ser composto, por exemplo, por parlamentares. No modelo norte-americano, elege-se o candidato que obteve a maioria relativa popular, de modo que tal fórmula indireta pode ser assimilada a uma direta. Modelo semelhante já se observou na Finlândia, entre 1919 e 1988, até o advento de reforma constitucional que implementou o pleito presidencial taxativamente direto. De toda sorte, aquela experiência não se enquadra como presidencialista, visto que atende apenas a uma das regras constitucionais estipuladas para que se considere adotado o sistema.

O segundo critério definidor é que, em sistemas presidencialistas, o governo, ou o Executivo, não é nomeado nem destituído por votação parlamentar. Os governos são de prerrogativa presidencial: é o presidente quem discricionariamente nomeia e exonera os membros do gabinete. O presidente não é politicamente responsável perante o legislatura, tampouco seu governo.

A soma dessas duas regras constitucionais identifica o presidencialismo, em que o chefe de Estado é também o chefe de governo: o presidente comanda verticalmente os órgãos do Executivo, sendo o responsável máximo pela estabilidade institucional e pelo *varejo* da política.[7]

A legitimidade democrática do presidente permite, em tese, que sua agenda de governo não seja pautada pela maioria parlamentar. O sucesso dos programas, contudo, dependerá naturalmente de sua habilidade no manejo da fluida maioria parlamentar, que se constitui em plano apartado e que pode ser alterada ao longo da legislatura.

O mandato presidencial fixo, independentemente de eventual reeleição por igual período, comporta o planejamento de programas pensado para um prazo maior de implementação, em contraposição à indeterminação dos governos parlamentares. Tal conformação oferece ganhos significativos em termos de estabilidade e previsibilidade administrativa. Ancorado pela ampla legitimidade democrática-institucional, o presidente pode, inclusive, tomar decisões polêmicas calculadas no curso de seu mandato, sendo o sistema presidencialista "mais aberto

---

[7] SARTORI, 1994, p. 83 e ss.

a permitir transformações profundas na sociedade", conforme observa Barroso.[8]

No entanto, a demasiada concentração de poder numa única pessoa é a grande mazela do presidencialismo, pelos riscos de distorções autoritárias que o permeiam. Se o compromisso desse indivíduo com a democracia for, ou se tornar, questionável, então a própria democracia estará em xeque. A ausência de responsabilidade política perante a legislatura assegura algum grau de expansão do poder presidencial, mesmo em situações de normalidade, mas sobretudo em períodos de crise. E uma crise ocasionada pela própria expansão não terá solução tão imediata quanto no parlamentarismo, visto que o sistema em voga não comporta instrumentos legítimos para a solução rápida de crises políticas localizadas.

Outro problema frequentemente identificado pela literatura reside nos casos em que o presidente reste incapaz de gerir adequadamente sua maioria. No parlamentarismo, se o governo perde apoio, ele cai. Caberá ao novo governo tocar a agenda executiva. No presidencialismo, o presidente continua até o final do mandato, podendo, inclusive, ser reeleito. O sistema acaba por conformar uma realidade de indefinição política e estagnação, com severas repercussões para os diversos ramos da vida pública. Do mesmo modo, se perder categoricamente o apoio popular no curso do mandato, ainda lhe restará algum tempo no ofício, permeado por consequências tão graves quanto, ou piores, que na perda do apoio legislativo.

Uma última nota. A ausência de responsabilidade *política* perante a legislatura não impede, é claro, a destituição do presidente de modo absoluto. Apenas implica que assim não se procederá, em tese, ao sabor da política numa determinada realidade constitucional, como fruto do desencontro entre as maiorias políticas. Constitucionalmente, a destituição resta limitada às excepcionais possibilidades de *impeachment* ou *recall*, ambos "procedimentos custosos e traumáticos".[9] No primeiro caso, limita-se juridicamente ao crime de responsabilidade. No segundo, parte da decisão do próprio eleitorado pela permanência, ou não, do governante eleito, antes do pleito regular subsequente.

---

[8] BARROSO, 2006, p. 14.
[9] BARROSO, 2006, p. 17.

1.1.2 Parlamentarismo

Parlamentarismo é o sistema de governo em que a Constituição prevê um monarca ou um presidente eleito indiretamente e um governo exercido por um primeiro-ministro e seu gabinete, coletivamente responsáveis perante a legislatura.[10]

Novamente, adota-se critério objetivo, guiado pelo texto constitucional: o parlamentarismo, de fato, só se configura quando cumulados ambos os critérios. Não basta a existência de um governo autônomo; é imprescindível que opere diante de um monarca ou de um presidente eleito indiretamente.[11]

Os sistemas parlamentaristas devem seu nome ao seu princípio fundador, a saber, a soberania do parlamento. O sistema não comporta separação material do poder político entre o parlamento e o governo: pauta-se pela partilha entre os poderes Legislativo e Executivo. A forma como essa relação se dá, no entanto, delimita as variações internas do modelo. Há pelo menos três vertentes principais: em um extremo, o sistema inglês ou de gabinete, no qual o Executivo prevalece vigorosamente sobre o parlamento; no outro extremo, o de governo de assembleia francês (na III e IV República, especificamente), ambos marcados por tradicionais disfuncionalidades no quesito da governabilidade; e uma fórmula intermediária, de parlamentarismo controlado pelos partidos.[12]

O sistema de gabinete é melhor representado pela experiência inglesa. O primeiro-ministro inglês assume um governo de partido único, que, por sua vez, assume um sistema distrital de membro único que conforma um sistema bipartidário. Para Sartori, a vertente acumula as seguintes condições, nesta ordem: "(i) eleições pluralistas, (ii) bipartidarismo, (iii) forte disciplina partidária".[13]

A segunda vertente compreende o sistema de assembleia, também conhecido como *república dos deputados*. Nesse modelo:

> (...) (i) o gabinete não lidera a legislatura; (ii) o poder não é unificado, mas disperso; (iii) a responsabilidade resta esvaziada; (iv) a disciplina partidária é relativamente inexistente; (v) os primeiros-ministros e seus gabinetes não podem agir rápida e decisivamente; (vi) as coalizões

---

[10] ELGIE, 1998.
[11] Shugart e Carey (1992, trad. nossa), que o dividem em parlamentarismo puro-monárquico e parlamentarismo com presidente.
[12] SARTORI, 1994, p. 101.
[13] SARTORI, 1994, p. 104.

raramente resolvem suas divergências e estão sempre incertas quanto ao apoio legislativo; e (vii) os governos nunca podem agir e falar com uma voz única e clara.[14]

Quanto à terceira, pondera-se que o sistema intermediário acumula condicionantes próximas ao do modelo de gabinete, com padrões equiparáveis de estabilidade e eficácia, salvo por uma circunstância: aqui a duração e o sucesso da agenda governamental podem não se correlacionar positivamente, visto que os países com poucas ou sem alternativas de governo carecem dos estímulos ocasionados pelas possíveis rotações verdadeiramente bipartidárias no cargo.[15]

O compartilhamento de poder, como dito, admite variações substantivas. Sartori afirma, ainda, que para além dos três modelos, o chefe de governo pode se relacionar com os membros de seu governo como: "(i) um primeiro acima dos desiguais; (ii) um primeiro entre os desiguais (iii) um primeiro entre iguais".[16]

Algumas vantagens são tradicionalmente atribuídas ao parlamentarismo. Em alguma medida, já foram aventadas no item anterior, em detrimento de disfuncionalidades do presidencialismo. Há algum consenso quanto à melhor articulação entre Executivo e Legislativo nesse modelo, visto que compartilham o poder e precisam se conformar diariamente para não viver em crise permanente. O relacionamento, em tese, é mais institucionalizado.

A principal vantagem, contudo, reside na celeridade que o sistema comporta para administrar crises políticas pontuais e localizadas. Não há governo sem maioria. Sua condição mínima de existência reside no apoio que detém. Caso perca o apoio, fatalmente deixará de existir. Oportuno registrar que a capacidade de trocas rápidas não implica que o sistema seja, em regra, instável. Pelo contrário: assim como muitos governos podem se formar numa mesma legislatura, um mesmo governo pode durar várias, desde que conserve apoio político com o passar das eleições. Barroso conclui que essa distribuição permite, inclusive, "uma maior eficiência do governo, que não tem a sua ação obstruída por um Legislativo hostil".[17]

---

[14] SARTORI, 1994, p. 110.
[15] SARTORI, 199, p. 109.
[16] SARTORI, 1994, p. 102 e ss.
[17] BARROSO, 2006, p. 11.

A bem da verdade, o parlamentarismo resolve internamente suas próprias crises políticas, sem que tenham de se consumar corriqueiramente como crises institucionais. Por evidente, nenhum sistema de governo é capaz de bloquear por completo crises políticas. Esse é um fato da vida. Mas alguns sistemas oferecem mecanismos legítimos mais apropriados e menos traumáticos que outros.

1.1.3 Semipresidencialismo

Semipresidencialismo é o sistema de governo em que a constituição prevê a coexistência de um presidente eleito diretamente, com mandato fixo, e um governo exercido por um primeiro-ministro e seu gabinete, coletivamente responsáveis perante a legislatura.[18]

Esse não é, por certo, o único conceito de semipresidencialismo. É apenas o consentâneo com a proposta deste trabalho e, conforme será demonstrado no tópico subsequente, o conceito atualmente dominante na literatura especializada. Isso porque, diferentemente de outras propostas, independe de parâmetros comportamentais ou qualquer outro elemento subjetivo na caracterização – comportando, assim, generalidade e consensualidade na qualificação dos países. Para identificar o sistema, assim como nas propostas apresentadas para os sistemas puros, importa consultar a constituição do respectivo país: se objetivamente presentes ambos os requisitos, configura-se o sistema semipresidencialista.

Outros conceitos de semipresidencialismo incluem, em regra, menção aos poderes presidenciais. Por exemplo, identificam como essencial a nomeação e eventual destituição do primeiro-ministro, o direito de dissolução da legislatura, a centralidade na condução da política externa, dentre outros. Alguns autores, como o próprio cunhador da categoria,[19] limitam-se a mencionar a necessidade de poderes presidenciais consideráveis, sem especificá-los. Mesmo nos casos em que os poderes são listados, cada observador pode partir de um inventário diferente, de acordo com o que considera efetivamente relevante para a configuração do sistema híbrido. Decerto, as opções que incluem menções aos poderes presidenciais não comportam consensualidade entre os estudiosos. E foi justamente esse o ganho da definição objetiva:

---

[18] ELGIE, 2011, p. 22.
[19] DUVERGER, 1980.

conformar as instituições semipresidenciais imprescindíveis, estabelecendo a base uniforme de constituições semipresidenciais.

No entanto, também é certo que o conceito apresentado como dominante informa uma relação extensa de países, com diferenças substanciais nos arranjos reais de poder – leia-se, distintas configurações de distribuição horizontal do poder político, tanto nos textos constitucionais quanto na prática real. Os esforços de classificar esses países em grupos ou modelos de semipresidencialismo, bem como de analisar minuciosamente uma determinada experiência, conclamam o retorno da qualificação dos poderes presidenciais. O conceito objetivo fixa uma primeira base. A medição das competências presidenciais delimita escopos secundários ou terciários de análise.

No campo das matrizes, três são os critérios mais utilizados para situar variações internas do sistema. Todos, como dito, remetem à figura do presidente. O primeiro parte de padrões comportamentais: o presidente é protagonista na condução da política, atua em equilíbrio com o primeiro-ministro, ou é apenas figura cerimonial, em face de um governo inquestionavelmente preponderante? São algumas das indagações que permeiam a categorização por termos descritivos, tais como: altamente presidencializados ou de presidente *liderante*, equilibrados ou de presidente *moderador*, aparente ou de presidente *cerimonial*.[20] O segundo parte de inventários específicos de competências presidenciais: os países são classificados a partir de sua pontuação, conforme a presença ou ausência de poderes pré-selecionados. O terceiro e último critério divide o sistema em dois grandes grupos, pois parte de um único poder específico: o de remoção do governo. Se a Constituição estabelece ou não responsabilidade do governo perante o presidente, além da indispensável responsabilidade perante a legislatura. Aqui, divide-se em *president-parliamentary* e *premier-presidential*.[21]

Pragmaticamente, o sistema opera em duas realidades distintas, independentemente de sua matriz de classificação, de quais poderes o presidente dispõe e efetivamente exerce. Se o presidente e o primeiro-ministro não pertencem à mesma maioria política, configura-se a fase de *coabitação*. Se ambos compartilham a maioria política, configura-se a *concordância*. No primeiro caso, prevalece o primeiro-ministro,

---

[20] Por todos, cf. NOVAIS, 2021, p. 113 e ss. e ELGIE, 2018, p. 39.
[21] Opção pela manutenção (sem tradução) dos termos em Shugart e Carey, largamente difundidos.

apoiado pela sua própria maioria parlamentar, opostos ao presidente. No segundo, com uma maioria unificada, o presidente é quem tende a prevalecer, respaldado não só por seu eleitorado, mas também pela legislatura: maior liberdade de atuação – inclusive para substituir o governo, direta ou indiretamente.

Por um tempo, cogitou-se que coabitação e concordância identificariam fases alternadas de parlamentarismo e presidencialismo, respectivamente.[22] Contudo, essa ideia de alternância de sistemas restou enfaticamente rejeitada: a bem da verdade, o que se verifica é uma oscilação entre realidades políticas conformadas internamente pelo semipresidencialismo.[23] Essa percepção, dentre outras, assegura autonomia à categoria, enquanto sistema de governo próprio. Híbrido, claro, mas autônomo. O sistema se distingue taxativamente dos modelos puros, na medida em que o primeiro-ministro, ainda que preponderante, seguirá oposto a um presidente eleito popularmente – e não a um monarca cerimonial ou a um presidente sem respaldo popular. De igual modo, o presidente, ainda que na concordância, opera por meio de um governo apartado formalmente de sua presidência, com prerrogativas e competências próprias.

Enquanto categoria autônoma, o estudo do semipresidencialismo tende a se dividir em três vagas ou fases.[24] A primeira concentra-se no conceito: como se define o sistema e quais países devem ser enquadrados. A segunda vaga avalia o efeito das instituições semipresidenciais nos países recém-democratizados, questionando se o semipresidencialismo favorece ou dificulta o processo de consolidação democrática. A terceira pauta-se pelos efeitos dessas instituições nas democracias em geral, sejam elas recentes ou consolidadas.

O restante deste capítulo se dedica ao estudo detido do semipresidencialismo, conquanto já situado dentre os demais sistemas de governo. Importa, agora, compreender sua evolução conceitual, afirmação científica, classificações, vantagens, desvantagens. Elementos já identificados como essenciais para a compreensão da teoria geral do semipresidencialismo, sobre os quais se passa a discorrer.

---

[22] Cf. DUVERGER, 1980; FERREIRA FILHO, 1993, p. 54.
[23] Por todos, cf. NOVAIS, 2021, p. 45-46.
[24] ELGIE, 2018.

1.2 Semipresidencialismo: conceito e modelos

1.2.1 Conceito

Conceituar semipresidencialismo e, por conseguinte, identificar o conjunto de países que o adotam, compreende aquilo que os especialistas denominam primeira vaga de estudo deste sistema de governo.[25]

O conceito foi inicialmente apresentado pelo cientista político Maurice Duverger em 1970, na 11ª edição de seu *Manual de direito constitucional*.[26] Essa não foi a primeira menção ao termo na extensa bibliografia do autor: em 1951, na 1ª edição da obra *Les partis politiques*,[27] o termo já havia sido empregado para descrever a extinta República de Weimar. Mas apenas em 1970 o conceito seria formalmente elaborado, com retoques no livro *Échec au Roi*,[28] de 1978. Dois anos depois, o autor publicaria um artigo em inglês resumindo seu trabalho,[29] até então, sobre essa nova figura no estudo dos sistemas de governo. E foi este artigo de 1980 que tornou o conceito mundialmente conhecido e frequentemente utilizado, até os dias hoje.

A fórmula desenvolvida combina dois elementos de verificação objetiva e um pendente da percepção subjetiva do leitor, pelo que Duverger consigna que,

> se a Constituição que o estabeleceu combina três elementos: (i) o presidente da república é eleito por sufrágio universal; (ii) possui poderes bastante consideráveis; (iii) tem, à sua frente, um primeiro-ministro e ministros que possuem poderes executivos e governamentais e que se mantêm no poder apenas enquanto o parlamento não se opõe à sua permanência.[30]

Em que pese que menções ao termo possam ser identificadas em diversos trabalhos anteriores, como na obra do próprio Duverger, não há dúvida de que o francês foi o responsável por formular o primeiro conceito autônomo desse sistema de governo.

---

[25] ELGIE, 2018.
[26] DUVERGER, 1970.
[27] DUVERGER, 1951.
[28] DUVERGER, 1978.
[29] DUVERGER, 1980.
[30] DUVERGER, 1980.

Nos citados trabalhos de 1978 e 1980, foram identificados alguns países que, naquela circunstância ou em tempos anteriores, adotaram um sistema semipresidencialista, a saber: França, Áustria, Finlândia, Irlanda, Islândia, Portugal e Alemanha, esta na vigência de Weimar (1919-1933). Duverger identificou, portanto, nos sete casos, a existência de poderes presidenciais *bastante consideráveis*, além de fazer a verificação preliminar de sufrágio universal para a escolha do presidente, e a existência de um governo exercido por um primeiro-ministro e seu gabinete, coletivamente responsáveis perante a legislatura.

Nos primeiros anos que sucederam a introdução do conceito no direito constitucional e na ciência política, pouco debate se verificou quanto a eventuais problemas no conceito em si.[31] Debate maior ocorreu quanto à identificação dos países que adotavam aquele sistema. Como dito, há um elemento subjetivo no conceito de Duverger: poderes *bastante consideráveis* está tão longe quanto possível de algo certo e determinado.

Em primeiro lugar, o que são poderes *bastante consideráveis*? É claro que, se analisarmos os sete países identificados por Duverger, podemos estabelecer um rol relativamente consensual daquilo que o autor reconheceu como poderes expressivos, mas, mesmo nessa relação, não há unanimidade. Em segundo, os respectivos poderes presidenciais podem configurar algo mais ou menos relevante dentro de uma determinada realidade constitucional – e até mesmo dentro daquela experiência no decorrer do tempo. Vale dizer: uma mesma competência constitucional de um presidente pode impactar mais ou menos a divisão de poderes interna do país, a depender de uma série de fatores concernentes aos seus demais poderes, aos poderes do governo e da interface entre ambos.

Evidente que alguém perspicaz e experiente como Duverger não deixaria flancos dessa magnitude abertos. Em *Échec au Roi*, prossegue justamente no sentido de identificar os poderes constitucionalmente atribuídos ao supracitado conjunto de países e, pragmaticamente, seu uso, desuso e abuso.[32] Mas essa é uma análise secundária, digamos. Pois dessa leitura extraiu classificações entre os países, apenas diferenciando-os a

---

[31] Em proposta conceitual adaptada, Patrick O'Neil (1993) argumentou ser dispensável o elemento da eleição direta, bastando a aferição de poderes presidenciais expressivos. Concentrou-se num elemento objetivo da definição de Duverger, diferentemente daqueles que viriam a discutir a caracterização do sistema país por país. Não obteve sucesso na defesa da retirada do requisito, restando sua proposta pouco difundida na literatura especializada.

[32] DUVERGER, 1978.

partir do núcleo comum no qual reside sua definição. Persiste, assim, com o conceito já apresentado, mesmo constatando largas distinções entre os sete quadros de *poderes bastante consideráveis*.

Entretanto, como já afirmado, no primeiro momento não se discutia eventual falha conceitual, mas sim quais países adotavam o sistema, conforme tal proposta. Medindo os poderes presidenciais, autores divergiam quanto à adoção ou não do sistema de governo em determinado país, sobretudo em meio a constantes reformas constitucionais.[33]

Antes que esse problema fosse diretamente confrontado, no intervalo de 1980 até o final da década de 1990, conceitos alternativos foram propostos, em geral conservando a essência da definição de Duverger. Conceitos com adaptações pontuais, diga-se.

Uma proposta autônoma obteria maior destaque, sem, contudo, desafiar o elemento subjetivo e a prevalência da definição na literatura. Em sua aclamada obra *Engenharia constitucional*, Giovani Sartori estabeleceu cinco requisitos para caracterizar o sistema:

> (...) (i) chefe de Estado eleito pelo povo; (ii) compartilhamento de poder com um primeiro-ministro, estabelecendo estrutura dual no Executivo; (iii) presidente que não depende do Parlamento, mas que deve canalizar sua vontade por meio do governo; (iv) o governo estar sujeito à confiança do Parlamento; e (v) flexibilidade de exercício do poder.[34]

A centralidade do conceito está no exercício *dual e flexível* do poder. Dual, pois, como reiterado por Sartori diversas vezes, a existência de Executivo bicéfalo é o que define, de modo elementar, o semipresidencialismo.[35] Não há falar em semipresidencialismo sem que se observe diarquia entre as chefias de Estado e governo. E flexível, por sua capacidade de conformar realidades políticas distintas no decurso tempo, conservando sua estrutura genérica enquanto sistema de governo. Entre concordâncias e coabitações, a flexibilidade se consuma: com uma maioria unificada, o presidente tende a prevalecer sobre o primeiro-ministro; com maiorias divididas, é o primeiro-ministro quem prevalece, apoiado pela sua própria maioria parlamentar. Independentemente da conjuntura política observada em determinada realidade constitucional, o sistema se conserva.

---

[33] ELGIE, 2018, p. 37.
[34] SARTORI, 1996, p. 132.
[35] SARTORI, 1994, 135.

É preciso esclarecer, desde já, o ponto de partida de Sartori. O autor italiano contestou outro elemento nos escritos de Duverger que não a subjetividade na qualificação dos poderes presidenciais, como componente conceitual. O francês trabalhava algo como uma teoria de fases, em que, a depender da conjuntura, seria identificada uma faceta presidencialista ou parlamentarista. Ou melhor, e de modo mais preciso, um *sistema* de fato presidencialista ou parlamentarista. Essa ideia compreende a suposta sucessão de fases ou regimes, como elemento caracterizador do semipresidencialismo.[36] Com essa sorte de raciocínio, não se observaria um sistema eminentemente semipresidencial em circunstância alguma, dado que ele sempre se comportaria como presidencial ou parlamentarista, a depender da comunhão ou não da maioria em torno das chefias de Estado e de governo.

Esse é um ponto que merece consideração neste trabalho. Embora não adstrito ao conceito duvergeriano de semipresidencialismo, em si, a teoria de fases compõe, indutivamente, a caracterização do sistema em sua obra. E impacta de modo deveras contundente a qualificação do semipresidencialismo enquanto sistema de governo autônomo.

Segundo Sartori, Duverger pecou ao promover a permanente sucessão de regimes, conquanto estruturalmente inaceitável: "Mitterrand jamais se assemelha a um presidente americano; igualmente, mesmo no ponto mais baixo de seu poder, não se aproxima da fraqueza de um presidente italiano."[37]

Jorge Reis Novais, um dos grandes sistematizadores do sistema em tela, é igualmente categórico: "Um conhecimento mínimo do funcionamento do semipresidencialismo demonstra exuberantemente" que a fase de concordância, com presidente coincidindo e apoiado por uma maioria parlamentar, não se confunde com o presidencialismo, e tampouco a fase de coabitação, com presidente oposto ao primeiro-ministro e sua maioria parlamentar, confunde-se com o sistema parlamentar.[38]

A mensagem não poderia ser tão clara e de fácil verificação objetiva. O presidente com maioria parlamentar não governa sozinho, ao passo que não exclui da realidade jurídica a figura do chefe do governo. Já o presidente sem maioria não perde sua legitimidade, ancorada no

---

[36] Em sentido próximo caminha a percepção de um dos grandes autores dos sistemas de governo em geral, Juan Linz (1994, p. 48 e ss.).
[37] SARTORI, 1993.
[38] NOVAIS 2021, p. 45.

voto popular, e seu respectivo rol de poderes constitucionalmente estabelecidos, restando o primeiro-ministro a ele oposto um tanto distante de um premier inglês, por exemplo, em que pese pragmaticamente forte.

Num contrassenso, o fundado da tipologia aparentemente dificultou sua consolidação como figura autônoma. A grande contribuição de Sartori para o estudo do sistema semipresidencial reside justamente na qualificação do sistema como autêntico e próprio. Misto por natureza, mas próprio. Ao não compactuar com a percepção duvergeriana de alternância entre os sistemas de governo puros, ratificou a autonomia científica do semipresidencialismo e, nesse quesito, restou vencedor. Sua proposta conceitual, no entanto, não desafiou a prevalência do conceito de Duverger na literatura especializada.[39] Isso porque o autor, como dito, não confrontou aquele que seria identificado posteriormente como o problema central: a subjetividade do termo *bastante consideráveis*.

Assinalamos que Sartori assentou sua proposta conceitual numa estrutura diárquica flexível. Não se valeu de menção expressa aos poderes expressivos do presidente, mas deixou claro que o aludido compartilhamento do poder não se exaure com a mera existência de duas cabeças no Executivo. Para Sartori, o semipresidencialismo se consuma se observada, pragmaticamente, uma efetiva partilha da liderança, com o equilíbrio real entre ambas na determinação das grandes orientações de governo e de Estado.[40] O próprio autor reconhece que sua fórmula não é simples, e, segundo ele, nem poderia ser – dado o hibridismo que a caracteriza, restando naturalmente mais complexa que a dos sistemas puros.[41] De todo modo, o conceito também não comporta verificação genérica: extrair de uma constituição ou de uma determinada experiência de governo o dito equilíbrio admite, por certo, pressupostos variáveis de análise.

Pois bem. O autor que viria confrontar a subjetividade contida no conceito duvergeriano seria Robert Elgie. Para ele, semipresidencialismo

> é a situação em que a constituição prevê a existência tanto de um presidente eleito diretamente e com um mandato fixo, como de um

---

[39] ELGIE, 2018, p.36.
[40] Para uma crítica detalhada do conceito, sob a perspectiva discriminada do exercício dual, cf. LUCENA, 1996, p. 838 e ss.
[41] SARTORI, 1996, p 132.

primeiro-ministro e restantes ministros coletivamente responsáveis perante o Poder Legislativo.[42]

A opção de Elgie foi simples, mas suficiente. Se a inclusão de poderes presidenciais, genérica ou especificamente, impede a confecção de uma lista uniforme de países, qualquer menção nesse sentido deveria restar afastada do conceito. E assim optou o autor, ao limitar a caracterização do sistema à concomitância de duas instituições, quais sejam, os dois requisitos objetivos previamente listados por Duverger.

Nessa toada, se queremos saber se um país adota o semipresidencialismo ou não, devemos olhar para sua constituição: esta prevê a coexistência de um presidente eleito diretamente, com mandato fixo, e um governo exercido por um primeiro-ministro e seu gabinete, coletivamente responsáveis perante o parlamento? Se a resposta for positiva, estamos diante de um país semipresidencialista.

A sofisticação de Elgie está na simplificação e consequente sistematização do estudo. Como já aventado, destacou-se por conceber proposta na qual os países possam ser classificados como semipresidenciais com base em suas constituições, em detrimento de conhecimentos locais ou padrões comportamentais – contestáveis no plano da generalidade. Aqui, a lista de países com constituições semipresidenciais torna-se relativamente consensual.

A revisão da literatura contemporânea confirma que essa definição de semipresidencialismo se tornou a forma-padrão de definir o termo, sendo adotada pela maioria dos comparatistas e substituindo efetivamente a definição de Duverger.[43] Sem embargo de os escritos do francês conservarem larga influência entre os estudiosos, sobretudo especialistas nacionais, hoje o debate sobre a identificação do conceito adequado é pouco expressivo. De igual modo, o desacordo entre comparatistas relativamente à lista dos sistemas semipresidenciais é um tanto reduzido.

Podemos concluir que este elemento de controvérsia da primeira vaga de estudos do semipresidencialismo está essencialmente sepultado: há uma definição-padrão e uma listagem razoavelmente consensual de países.

---

[42] ELGIE, 1999, p.13.
[43] Por todos, cf. SCHLEITER; MORGAN-JONES, 2009; SAMUELS; SHUGART, 2010; NOVAIS, 2021.

Por evidente, o conceito também não se esquivou de críticas, em que pese tenha logrado êxito quanto ao que se propôs. Para Jorge Reis Novais, propostas desse cunho conformam "suposta realidade de grande número de países, mas nem permitem o conhecimento adequado da realidade política de cada país, nem, sobretudo, garantem minimamente a consistência e a fiabilidade dessas estatísticas".[44] A bem da verdade, o próprio Elgie reconheceu não existir vantagens na operacionalização do semipresidencialismo como variável explicativa, quando a diversificação interna do conjunto se revela tão extrema.[45]

Para qualquer análise de uma determinada realidade constitucional, esse conceito diz apenas o elementar. Para esta sorte de estudo, diga-se, para analisar empiricamente os efeitos do semipresidencialismo, somos conclamados a encontrar formas de operacionalizar a variação interna desse conjunto de países. Tanto para criar grupos menores quanto para identificar acuradamente um determinado sistema. Como já afirmado, o conceito de Elgie oferece a primeira base. Outros critérios importam para delimitar escopos secundários ou terciários de análise.

Paradoxalmente, voltamos aos poderes presidenciais, porquanto elemento de distinção, por excelência, dos regimes semipresidenciais.[46] Dentre os presidentes eleitos diretamente, com mandato fixo, que atuam diante de primeiros-ministros, responsáveis perante a legislatura, compreender as competências presidenciais, positivadas e reais, e em que medida estas se conectam com os poderes do governo, é o que determinará a distribuição horizontal real de determinado poder político.

A quantificação e qualificação dos poderes *bastante consideráveis*, no final das contas, não é critério de definição, mas sim de classificação interna dos regimes semipresidenciais.

1.2.2 Modelos

Já se afirmou aqui que as principais propostas de subdivisões do sistema semipresidencialista podem ser agrupadas em três grandes categorias. Todos, como dito, remetem à figura do presidente: para além de sua eleição direta, quantas e quais competências detém, como as exerce, como se comporta diante do governo.

---

[44] NOVAIS, 2021, p. 124-125.
[45] PINTO; RAPAZ, 2018, p. 38.
[46] "A nota distintiva dos países que adotam o semipresidencialismo situa-se na maior ou menor atuação do presidente na vida política" (BARROSO, 2006, p. 18).

A primeira classificação elencada recorre ao comportamento do presidente. Parte das competências das quais dispões, mas, sobretudo, de como as exerce, para buscar estabelecer matrizes de padrão comportamental, que vão de presidentes liderantes a cerimoniais, passando por modelos intermediários-moderadores.

A segunda trabalha com inventários específicos de poderes, estabelecendo métricas segundo as quais países terão presidentes mais ou menos fortes. Lista-se um conjunto de atribuições, e, país por país, quantifica-se sua pontuação global frente aos requisitos pré-selecionados.

A terceira recorre a um único elemento, de cunho objetivo – informado pelo texto constitucional – para dividir os países em dois grandes grupos. Na última proposta, importa saber, tão somente, se o presidente *pode* destituir ou não o primeiro-ministro. Se ele detém tal prerrogativa constitucional, o que configura responsabilidade do governo perante a instituição da presidência, recebe uma titulação. No único polo oposto possível, o de não deter tal prerrogativa, e a responsabilidade do governo restar limitada ao parlamento, outra.

No campo dos modelos, portanto, os critérios utilizados para situar variações internas do sistema caminham para uma transição do estudo do semipresidencialismo, em si, para o estudo dos poderes presidenciais.

1.2.2.1 Padrão de comportamento presidencial: liderante, moderador e cerimonial

O primeiro modelo divide o semipresidencialismo em matrizes comportamentais. Parte de análises que reúnem competências constitucionais e seus efeitos no plano real, unindo as dimensões jurídica e política das instituições semipresidenciais.

Diversos termos descritivos podem ser encontrados na literatura especializada. Quase todas, contudo, giram em torno de três possibilidades para a figura do presidente: protagonista na condução da política, coadjuvante de um primeiro-ministro, ou pareado com o primeiro-ministro.

Essa opção reintroduz a subjetividade inerente ao conceito de Duverger. Nem por isso perde sua validade, desde que o observador compreenda que não há pretensão de universalidade. As percepções de protagonismo e termos congêneres variam, naturalmente, entre comparatistas e especialistas nacionais. Por óbvio, não se pode pretender alcançar uma classificação indiscutível das experiências constitucionais englobadas em matrizes comportamentais.

Para demonstrar essa sorte de classificação, escolhemos apresentar a formulação concebida por Jorge Reis Novais, como representativa do primeiro grupo.[47] O português divide em matrizes de presidente *liderante*, de presidente *moderador*, e de presidente *cerimonial*. A exemplificação recorre, respectivamente, aos modelos francês, português e austríaco.

A matriz de presidente *liderante* identifica a existência de um presidente político-partidariamente empenhado: na concordância, é o líder do governo e da maioria parlamentar que o apoia; na coabitação, é a maior da oposição. A bicefalia no executivo resta clara: ao lado do presidente, encontra-se um primeiro-ministro de sua escolha, coadjuvante e executor da política presidencial, que chefia um governo que responde perante a legislatura. No cenário contrário, um primeiro-ministro protagonista de sua maioria parlamentar, oposto a um presidente ativo, dotado de prerrogativas consideráveis – para além de sua legitimidade popular, em conflito pela titularidade da próxima maioria política.[48]

Na matriz de presidente *moderador*, o presidente assume funções de representação nacional e, notadamente, de garantidor do regular funcionamento das instituições democráticas.[49] Atura como moderador ou árbitro de conflitos entre os diferentes órgãos que exercem o poder político, garantindo estabilidade, equilíbrio e a normalidade do relacionamento institucional. Sem embargo de se observar, nessa matriz, algum grau de intervenção política autônoma, o presidente não exerce nem compartilha do efetivo exercício do poder governamental. Em tese, sua atuação não se encontra adstrita à disputa partidária: apresenta-se, na verdade, como figura nacional, suprapartidária e relativamente equidistante às diferentes forças políticas.[50]

Por último, temos a matriz de presidente *cerimonial*, que se distingue pelo fato de o presidente não maximizar, em tempos de

---

[47] NOVAIS, 2021, p. 113 e ss.
[48] NOVAIS, 2021, p. 125 e ss.
[49] Em sentido próximo, mas como comentário geral para os presidentes no semipresidencialismo, cf. BARROSO, 2006, p. 19: "(...) as funções do chefe de Estado se aproximam daquelas atribuídas ao Poder Moderador por Benjamin Constant. O presidente da República se situa em uma posição de superioridade institucional em relação à chefia de governo e ao Parlamento, mas esse papel especial não se legitima no exercício da política ordinária, mas na atuação equilibrada na superação de crises políticas e na recomposição dos órgãos do Estado."
[50] NOVAIS, 2021, p. 146 e ss.

normalidade, sua legitimidade democrática. O presidente é excluído, ou se exclui, do exercício ativo de poderes políticos: pragmaticamente, o sistema opera, à exceção da eleição direta, próximo a um sistema parlamentarista. Essa percepção fez com que autores como Sartori rejeitassem seu enquadramento como sistema semipresidencial, e que outros, como Duverger, ponderassem a observância de uma verdadeira faceta parlamentarista.[51]

Falou-se em tempos de normalidade. Já em situações de crise e emergência, em que os demais órgãos não respondam às necessidades políticas e às expectativas da população, o presidente pode, com parcimônia, invocar sua legitimidade para desenvolver uma intervenção política substantiva, autônoma e idealmente temporária na condução do governo. Se em tempos de normalidade tal intervenção culmina em incertezas e desequilíbrio de quadros estáveis e consolidados, ocasionalmente sua atuação proativa será bem-vinda: a eleição popular lhe garante a possibilidade de intervir politicamente com plena legitimidade, valendo-se de poderes relevantes atribuídos por constituições cujo semipresidencialismo é de matriz cerimonial, mas inutilizados no cotidiano da política. É justamente o caso da prerrogativa do presidente austríaco de destituir o primeiro-ministro, algo que não se concebe em tempos de normalidade.[52]

1.2.2.2 Métrica dos poderes presidenciais

O segundo padrão de modelos decorre da seleção de inventários específicos de competências presidenciais. Os países são classificados a partir de sua pontuação, conforme a presença ou ausência de poderes pré-selecionados.

A maior vantagem dessas medições é que são, em tese, replicáveis. Duas desvantagens se destacam, no entanto. A primeira reside no fato de os poderes constitucionais não corresponderem necessariamente aos poderes reais, o que implica valores potencialmente distorcidos, para países específicos. A segunda parte da constatação de que as próprias métricas se valem de diferentes dimensões do poder presidencial – de inventários diferentes. Nesse sentido, cada medição assume algum grau

---

[51] Sobre esse ponto, cf. item 2.2.1.
[52] NOVAIS, 2021, p. 159 e ss.

de validade interna, só comportando uniformidade no estudo comparado quando compartilhada, à risca, por um conjunto de observadores. Duverger foi um dos autores que se valeu desse modelo, embora partindo de uma fórmula simples e de um conjunto pequeno de países – a saber, os sete que ele identificava verdadeiramente semipresidenciais. O autor listou, dentre outros, a nomeação e demissão do primeiro-ministro; a prerrogativa em matéria de tratados internacionais; o direito de dissolução da legislatura; o poder de veto; o poder regulamentar; o recurso ao referendo; as ações de controle de constitucionalidade e a nomeação de juízes para o tribunal constitucional.[53] Feito o inventário do que cada constituição atribui ou deixa de atribuir, procede a uma primeira classificação dos países, por ordem decrescente da predisposta relevância constitucional dos presidentes: Finlândia, Islândia, Alemanha de Weimar, Portugal, Áustria, França, Irlanda.

Atento ao que denominamos primeira desvantagem, Duverger, ainda, considerou o prático uso, abuso ou desuso desses poderes. Nesse caso, a tabela classificativa sofreu duas alterações substanciais: a França subiu da penúltima para a primeira posição, e a Islândia caiu da segunda para a sexta. A Finlândia caiu uma posição, os outros quatro conservaram as suas. Essa análise secundária confirma, inequivocamente, os riscos de distorção das métricas, quando considerada apenas uma das duas realidades – a jurídica ou a política.[54]

Justamente por selecionar um número pequeno de países, e estabelecer um critério sem pretensões de universalidade, tal classificação não foi tão replicada quanto seu conceito.[55] Uma das propostas mais citadas, tanto para os sistemas de governo em geral quanto para o semipresidencialismo, é a de Alan Siaroff. O autor desenvolveu seu raciocínio partindo de nove poderes, respectivamente:

> (...) (i) eleição popular; (ii) eleição presidencial concomitante com a eleição da legislatura nacional; (iii) indicações discricionárias para cargos de alto-escalão; (iv) prerrogativa de presidir reuniões de Gabinete; (v) poder de veto; (vi) poderes emergenciais e/ou de decreto; (vii) centralidade no comando da política externa; (viii) centralidade na constituição da maior e respectivo governo; e (ix) poder de dissolver a legislatura.[56]

---

[53] DUVERGER, 1980.
[54] Sobre a conformação dessas dimensões, cf. LUCENA, 1996.
[55] LUCENA, 1996. PINTO; RAPAZ, 2018.
[56] SIAROFF, 2003, p. 302, trad. nossa.

Na métrica de Siaroff, a observância de um critério pontua um, e sua ausência, zero. A pontuação final de um país analisado varia, portanto, de zero a nove. Algumas semelhanças podem, naturalmente, ser observadas com a relação de Duverger, como nas métricas de outros autores dos efeitos dos poderes presidenciais. As escolhas do autor permeiam, conforme sua compreensão, as dimensões de participação do presidente na determinação das grandes orientações de Estado e de governo. Para Siaroff, importa que a eleição presidencial seja concomitante com a legislatura, o que oportuniza, em tese, a formação da maioria parlamentar do presidente. Importa que ele presida reuniões de gabinete, mesmo nos casos em que não o chefie.[57] Importa que ele possa dissolver a legislatura indiscriminadamente,[58] enquanto prerrogativa de severas implicações para a distribuição horizontal do poder.

Uma crítica que nos ocorre, especificamente quanto ao uso desta classificação para países semipresidencialistas, é que nela não consta como critério o poder do presidente de demitir o primeiro-ministro. Importa registrar que não se trata de uma falha metodológica; o escopo da análise de Siaroff inclui todos os sistemas de governo em que existe a figura de um presidente. Do presidencialismo ao semipresidencialismo, ao parlamentarismo não monárquico. O critério não faria sentido como medida universal, por razões óbvias: não há primeiro-ministro a ser demitido no presidencialismo, e não há desconstituição do governo via presidente no parlamentarismo. Apenas no semipresidencialismo constituiria variável relevante saber se o presidente pode, ou não, demitir o chefe de governo. Não sem motivo, é justamente esse o critério objetivo utilizado por outra sorte de classificação para o sistema híbrido aqui estudado, sobre a qual se passa a discorrer.

1.2.2.3 Responsabilidade do governo perante o presidente

A terceira proposta reparte os países semipresidenciais na lista consensual de Elgie, conformando dois grandes grupos – ainda com

---

[57] SIAROFF, 2003, p. 303-304.
[58] Siaroff (2003, p. 305) limita a pontuação no critério ao direito de dissolução *indiscriminada*, limitada, no máximo, por critérios temporais. No caso da Rússia, por exemplo, a competência restringe-se às possibilidades de rejeição reiterada da nomeação presidencial do primeiro-ministro e de sucessivos votos de desconfiança, ocasionando zero em sua tabela. Na prática, a pontuação certamente parece caminhar mais para um.

variações internas significativas. Mas, diferentemente das duas primeiras, comporta uniformidade de análise, visto que observadores podem compreender comportamentos de formas distintas, bem como partir de inventários distintos. Não podem, contudo, discordar da verificação objetiva num texto constitucional da existência, ou não, de competência para destituir o governo.

Ao replicar o parâmetro do conceito hoje dominante de semipresidencialismo, com o retoque de uma regra constitucional adicional, essa classificação acaba por incorrer na mesma qualidade e no mesmo defeito da definição objetiva. Permite uma lista consensual, estabelecendo base genérica e uniforme de estudo, sem, contudo, oferecer grandes subsídios ao estudo real das instituições semipresidenciais em determinada realidade constitucional. As divisões constitucionais dos poderes nem sempre correspondem nitidamente às divisões reais.

Shugart e Carey foram os responsáveis pela fórmula. A proposta contempla os três sistemas de governo subdivididos em cinco categorias: "(...) (i) presidencialismo puro, (ii) *premier-presidential*, (iii) *president-parliamentary*, (iv) parlamentarismo com presidente e (v) parlamentarismo puro."[59]

Conquanto o presidencialismo puro identifique o presidencialismo listado neste trabalho, e o parlamentarismo com presidente ou puro-monárquico identifiquem, simultaneamente, o parlamentarismo tal como ora apresentado, a segunda e terceira categoria correspondem a dois modelos distintos de semipresidencialismo. Ambas pressupõem presidente eleito diretamente, com mandato fixo, e governo responsável perante a legislatura. Distinguem-se pelo que denominamos regra constitucional adicional: responsabilidade do governo perante o presidente. Se o presidente *pode* destituir o primeiro-ministro discricionariamente,[60] estamos diante do modelo *president-parliamentary*. Se não detém essa competência, fala-se em *premier-presidential*. Esses modelos opõem, portanto, a responsabilidade do governo limitada ao parlamento e a responsabilidade concomitante perante as instituições da presidência e do parlamento.

No entendimento dos autores, como no de muitos outros que os replicaram, esse poder presidencial ocupa a prateleira mais alta,

---

[59] SHUGART; CAREY, 1992, trad. nossa. Sem tradução para os itens (ii) e (iii), como já atestado.
[60] Por "discricionariamente", leia-se: se a demissão tiver de ser precedida por algum motivo, ainda que genérico, como em Portugal, não há falar em *president-parliamentary*.

entre todo e qualquer poder que se possa conceber relevante, para a compreensão da distribuição horizontal do poder político. A escolha do critério pode ser questionada, mas é, em regra, dominante na literatura.[61] A maior dificuldade está nas variações internas ocasionadas pelo uso real da prerrogativa, somada ao conjunto de demais competências e interfaces possíveis. Partir da Quinta República francesa como *premier-presidential*, visto que o presidente não pode destituir o primeiro-ministro, desconsiderando a matriz liderante ali observada, poderia induzir o leitor ao erro. De igual modo, partir da Áustria como *president-parliamentary*, visto que lá o presidente detém tal prerrogativa, mas dela não se vale, ignorando a matriz cerimonial, pouco informaria o observador quanto à distribuição material do poder.

A bem da verdade, a melhor escolha entre as classificações depende do objetivo de quem analisa o sistema. Parece-nos certo que, para uma teoria geral do semipresidencialismo, adotar o critério objetivo, pautado pelo texto constitucional, eleva-se como método qualificado. Pelo que teoria geral representa. Para qualquer análise concreta, de determinado país ou de sua respectiva realidade constitucional na história, tanto o conceito como a classificação objetiva pouco informarão. Serão apenas os primeiros passos de análise, se muito. Sem embargo, a divisão de Shugart e Carey, assim como o conceito de Elgie, seguem taxonomicamente válidos, categóricos e uniformes.

Com essas considerações, concluímos a análise das duas controvérsias que permeiam a primeira vaga de estudo do semipresidencialismo, quanto a sua definição e classificação interna. O tópico subsequente pauta-se pelo avanço dos estudos deste sistema de governo, cujos pressupostos são possíveis vantagens e desvantagens genéricas, para analisar empiricamente realidades selecionadas quanto à manutenção ou à eventual adoção do sistema.

1.3 Prós e contras

Analisar vantagens e desvantagens de um sistema de governo comporta, pelo menos, duas dimensões: abstrata e concreta. Para analisar uma determinada experiência constitucional, o sucesso ou fracasso do sistema naquela realidade, bem como eventuais alternativas, as

---

[61] Por todos, ELGIE, 2011.

potencialidades e riscos devem ser, necessariamente, analisadas sob uma perspectiva conjuntural ampla. Pensando no caso brasileiro, este será o objeto do último capítulo deste livro: uma proposta de conformação em concreto. Já os dois itens subsequentes, que concluem esta seção, dedicam-se às vantagens e desvantagens em abstrato, às qualidades e aos riscos genéricos do sistema, tal como recorrentemente identificados na literatura.

1.3.1 Vantagens

O grande triunfo de uma determinada proposta híbrida, frente a tradicionais modelos puros, é reunir o que de melhor se tem nestes, em detrimento recíproco de suas desvantagens.

No caso do semipresidencialismo, parece certo que a fórmula condensa duas qualidades notáveis dos sistemas tradicionais. Do presidencialismo, herda a presença de um chefe de Estado eleito diretamente, que goza de ampla legitimidade democrática e conserva na população o senso de identificação e representação real. Do parlamentarismo, herda os mecanismos céleres de substituição do governo, sem que crises políticas localizadas se convertam em crises institucionais de maior gravidade. Paralelamente, afasta disfuncionalidades claras de ambos, tais como a concentração unipessoal do poder. De um modo geral, quatro são as principais vantagens identificadas pela leitura especializada, a partir dessa proposta de distribuição horizontal do poder político.

A primeira vantagem parte da compreensão do Executivo dual como *virtude*, com o que diz respeito ao compartilhamento de responsabilidades e atribuições inerente ao semipresidencialismo. A superconcentração de funções numa única autoridade, típica do presidencialismo e ora verificada até em regimes parlamentaristas específicos, é, quase que presumidamente, disfuncional. A chave do modelo reside no potencial de conferir organicidade aos processos centrais de tomada de decisão na esfera pública, com a divisão na determinação das grandes orientações de governo e de Estado.

Ainda que o presidente componha orientações de governo – pela própria nomeação do primeiro-ministro, dentre outras formas já mencionadas –, e que o governo eventualmente ofereça suporte a decisões típicas de Estado, admite-se, em tese, que a separação, e a consequente especialização funcional, qualifica tais processos decisórios.

No mesmo sentido, a segunda vantagem parte do estímulo à corresponsabilidade governativa entre os mandatários eleitos para preencher as duas instâncias de representação política nacional. O sistema confere responsabilidade ao parlamentar quanto à boa ou má execução do plano de governo, e quanto à "coexecução das políticas públicas", como pondera Antonio Anastasia.[62] Como partícipe, o parlamentar tende a ser cobrado com maior frequência, seja na qualidade de base, seja de oposição, numa lógica diferente daquela em que não há falar em compromisso partidário ou programático.

Enquanto as duas primeiras se concentram no compartilhamento de responsabilidades, a terceira parte do potencial compartilhamento de poder. Como sabemos, o Executivo, nesse sistema, compreende a coexistência de um presidente eleito e um primeiro-ministro. Assim, mesmo que a presidência seja uma instituição em que o vencedor "leva tudo", o Executivo, como um todo, não precisa ser.[63]

No contexto de sociedades polarizadas entre dois grandes grupos, categoricamente opostos, o semipresidencialismo oferece oportunidade para que representantes de ambos os grupos tenham uma parcela de poder, um como presidente e outro como primeiro-ministro à frente do respectivo governo. Dado que os membros de ambos os grupos compartilham a responsabilidade pela tomada decisões, ambos devem sentir interesse no regime como um todo. Em tese, portanto, há maior apoio às instituições democráticas no semipresidencialismo do que no presidencialismo e no parlamentarismo, ambos liderados por uma única pessoa – o presidente e o primeiro-ministro –, respectivamente, cenários em que apenas metade da sociedade tende a se compreender representada. Decerto, o argumento não é válido para cenários de *concordância*.

A quarta vantagem do semipresidencialismo reside na flexibilidade que essa forma de governo comporta. Como assinado anteriormente, a noção está particularmente associada ao trabalho de Giovanni Sartori.[64] Esse argumento constitui contraponto ao que será identificado a seguir como o problema da coabitação. Enquanto a percepção negativa dessas realidades política enfatiza a probabilidade de conflito quando a legislatura se opõe ao presidente, o argumento da flexibilidade sugere que a coabitação pode levar a um *reequilíbrio* da diarquia executiva.

---

[62] GUSTAVO, 2017.
[63] ELGIE, 2011, p. 14.
[64] Cf. SARTORI, 1993 e, neste trabalho, item 2.2.1.

Durante a coabitação, o poder dentro do Executivo muda do presidente – assumindo que a maioria legislativa o apoiou anteriormente – para o primeiro-ministro, que é nomeado com o apoio do legislatura. De igual modo, pode voltar para o presidente, caso o governo perca sua maioria, ou no advento de novas eleições.

Assim, o semipresidencialismo permite a oscilação de poder relativamente desejável entre o presidente e o primeiro-ministro, configurando uma estrutura flexível de dupla autoridade.

1.3.2 Desvantagens

As principais críticas dirigidas ao semipresidencialismo partem de elementos dos quais se extraem alguns dos principais elogios. Não se trata de um paradoxo, mas sim de uma opção de análise.

Autores dos sistemas de governo há muito ponderam desvantagens dos sistemas semipresidenciais, em favor de um dos sistemas puros. Robert Elgie, indubitavelmente um dos maiores conhecedores do sistema híbrido, compilou vantagens e desvantagens, concluindo serem maiores as últimas.[65] Para o autor, em termos de performance democrática, os riscos de distorções contidos nas variações e realidades do semipresidencialismo inferem preocupações mais graves que os eventuais benefícios oferecidos pela flexibilidade do sistema.[66] Pondera-se, no entanto, que a afirmação está sobremaneira vinculada aos infortúnios do subtipo *president-parliamentary*.

No debate público brasileiro como um todo, bem como entre os estudiosos, é comum aludir tão-somente a experiências de sucesso democrático do semipresidencialismo. Mas a multiplicidade de regimes semipresidenciais também parece escapar da literatura nacional. Entendemos, aqui, que não se pode perder de vista que o fracasso do sistema na Alemanha de Weimar comportou a ascensão de Hitler,[67] e o

---

[65] ELGIE, 2011, p. 10 e ss.
[66] ELGIE, 2011, p. 14.
[67] A Alemanha de Weimar foi, inclusive, a primeira experiência semipresidencialista de que se tem notícia. Foi a primeira vez em que uma Constituição estabeleceu, cumulativamente, eleição direta para o cargo de presidente, com mandato fixo, e um governo exercido por um primeiro-ministro e seu gabinete, coletivamente responsáveis perante a legislatura. E não apenas o conceito de Elgie enquadra-se como tal. Para aqueles que julgam indispensável a existência de poderes presidenciais consideráveis, o presidente nomeava e demitia o primeiro-ministro; podia dissolver a legislatura; tinha centralidade na política externa; poderes de intervenção local; dentre outros. Um caso indubitável. Pode-se dizer que o semipresidencialismo, à época sequer identificado como tal, começou mal. Mas, como

fracasso do projeto constitucional russo pós-União Soviética comportou a ascensão de Putin. Por óbvio, e que fique tão claro quanto possível, não estamos a afirmar que tais líderes não teriam ascendido em outros sistemas de governo: seria uma profunda desonestidade intelectual assim proceder. Mas ignorar por completo tais experiências de fracasso democrático seria relativamente incoerente para qualquer análise desse sistema de governo que se pretenda completa.

As críticas ao semipresidencialismo concentram-se, em regra, nos descaminhos da dupla autoridade. Países semipresidenciais tendem a apresentar conflitos potencialmente desestabilizadores entre presidente e primeiro-ministro. A natureza dual do Executivo, ora elogiada por afastar superconcentrações individuais, pode permear problemas de coordenação capazes de enfraquecer o desempenho da democracia ou até mesmo ameaçar sua própria existência.[68] Esse *problema* da dupla legitimidade assume, pelo menos, quatro formas.

Quanto à primeira delas, Juan Linz pondera que instabilidade e ineficiência estão presentes no semipresidencialismo, mesmo quando as circunstâncias políticas forem as mais favoráveis possíveis. Leia-se, quando o presidente, o primeiro-ministro e o gabinete são todos do mesmo partido e detêm maioria na legislatura.[69] Segundo o autor, algumas situações conduzem ao atraso na tomada de decisões, bem como comportam a aprovação de políticas contraditórias: quando o presidente desenvolve políticas diferentes daquelas concebidas pelo primeiro-ministro e vice-versa, ou quando os ministros não se sentem incluídos na agenda governamental, recorrendo a um dos dois líderes, em detrimento daquele que supostamente os afastou.

A segunda forma se atenta para outro risco do cenário favorável, diga-se, de concordância. Com o gabinete verdadeiramente seguro, altíssimas serão as chances de que, junto ao parlamento, sejam leais ao presidente e executem fielmente o programa do presidente. Nessa toada, o Legislativo pode deixar de atuar como fiscalizador do Executivo ou, mais especificamente, do presidente. Quando o sistema se torna tão personalizado, como no semipresidencial de matriz liderante operando em concordância, há sempre o perigo de que a própria

---

dito, a conjuntura importa, e muito. Figuras totalitaristas no poder são ameaças a qualquer sistema democrático de governo (ALEMANHA, 1919).

[68] ELGIE, 2011, p. 11.
[69] LINZ, 1994, p. 55.

existência da democracia esteja nas mãos de um único indivíduo. Se o compromisso desse indivíduo com a democracia for, ou se tornar, questionável, então a própria democracia restará ameaçada. Para Lijphart, os sistemas semipresidencialistas "na verdade tornam possível que o presidente seja ainda mais poderoso do que na maioria dos sistemas presidencialistas puros".[70]

A terceira se revela nas coabitações, em que o partido do presidente não está representado no gabinete. Dado que o primeiro-ministro e o gabinete são responsáveis perante a legislatura em países semipresidenciais, se a maioria legislativa se opõe ao presidente, naturalmente aprovará um primeiro-ministro e um gabinete que se opõem igualmente. Quando os apoiadores de um ou de outro componente do semipresidencialismo sentem que o país seria melhor se um ramo da estrutura de governo democraticamente legitimada desaparecesse ou fosse fechado, o sistema democrático fica ameaçado e sofre uma perda geral de legitimidade, uma vez que aqueles que questionam um ou outro tendem a considerar o sistema político indesejável enquanto o lado que eles favorecem não prevalecer.

No presidencialismo, crises de governo podem logo se tornar crises de regime, e a democracia pode ser ameaçada como resultado. No semipresidencialismo, a coabitação pode rapidamente passar de um conflito sobre políticas para um conflito sobre a própria legitimidade do processo político em si.

A quarta e última forma do problema da dupla legitimidade reside no *governo minoritário dividido*. Cindy Skach define o termo como situação em que "nem o presidente, nem o primeiro-ministro, nem qualquer partido ou coligação gozam de uma maioria substantiva na legislatura".[71] Segundo a autora, esse cenário denota o tipo de semipresidencialismo mais propenso a conflitos, porquanto caracterizado pelo imobilismo legislativo oposto ao domínio presidencial contínuo.

Enquanto o problema da coabitação se concentra no conflito dentro do Executivo, entre o presidente e o primeiro-ministro, o problema do *governo minoritário dividido* enfatiza o conflito entre o Executivo e o Legislativo. Especificamente, enfatiza os problemas que podem surgir da situação em que a legislatura é altamente fragmentada e em que não exista uma maioria legislativa estável ou coesa.

---

[70] LIJPHART, 2004, p. 102, trad. nossa.
[71] SKACH, 2005, p. 17.

A preocupação geral com essa situação é que governar se torna difícil para todos: para o presidente, para o primeiro-ministro e para o Legislativo. Surge um impasse material, representado pelo *vácuo de poder*. E, nas palavras de Francisco Campos, decerto versado no assunto, "uma lei inflexível da política é a que não permite a existência de vazios no poder: poder vago, poder ocupado".[72] O presidente, ou os militares, podem ser tentados a preenchê-lo e governar por decretos.[73] Como consequência, o Estado Democrático de Direito pode ser violado sob diversos ângulos.

Em suma, quando nenhuma maioria legislativa se identifica enquanto maioria presidencial, eleva-se a probabilidade de que se tente governar sem ou contra a legislatura, de dissolvê-la e buscar uma nova maioria e, em fracassos sucessivos, até mesmo de dissolver o próprio parlamento, seja de modo literal, seja pelo esvaziamento expressivo de suas competências.

A dominação presidencial, marcada pela redução substantiva do número de envolvidos na tomada de decisões, geralmente se desenvolve por regras expansivas dos poderes excepcionais de decreto ou similares, como substitutos do devido processo legislativo – e, em última análise, da própria maioria legislativa. Esse estreitamento decisório viola princípios democráticos elementares ao subjugar a legislatura democraticamente eleita.

Pautada por essa percepção, autores como Cindy Skach advertem contra a introdução do semipresidencialismo em democracias jovens, especialmente aquelas sem um sistema partidário estabilizado.[74] O argumento merece especial atenção no caso brasileiro, tal como será desenvolvido adiante.

---

[72] CAMPOS, 2001, p. 174.

[73] Linz preocupa-se, inclusive, com a falta de clareza quanto ao controle político sobre os militares. No semipresidencialismo, pelo menos três atores principais exercem tal função: o presidente, o primeiro-ministro, o ministro da Defesa e, eventualmente, um quarto – caso do chefe de gabinete conjunto que detenha o comando imediato das forças. Nessas hipóteses, "a linha hierárquica, que é tão central ao pensamento militar, adquire uma nova complexidade" (LINZ, 1994, p. 57). Advertimos, no entanto, que o mesmo raciocínio pode levar à conclusão contrária, tal como verificado em outros pontos. É razoável conceber que o sistema confere maior controle, e não menor.

[74] SKACH, 2005, p. 124.

CAPÍTULO 2

EXPERIÊNCIAS CONSTITUCIONAIS COMPARADAS

Como visto, sistemas de governo podem ser alocados em três grandes categorias, sendo presidencialismo e parlamentarismo modelos puros, ou tradicionais, e o semipresidencialismo modelo híbrido por excelência.

A análise de um desses modelos perpassa, naturalmente, os exemplos de destaque de cada um. Seja para que se conceba a origem, o real funcionamento das instituições, tendências, qualidades e riscos, a devida compreensão de dado sistema não se furtará a considerar as experiências reais em que o constitucionalismo foi ou é marcado por tal opção institucional.

A escolha dos três países – França, Portugal e Rússia – segue dois critérios centrais: representatividade para o estudo e possíveis contribuições reais para a discussão no Brasil.

A França é, decerto, o país expoente do modelo semipresidencialista. É a experiência de maior vigência e, de modo especial, o país em que se identificou pela primeira vez a existência do sistema como próprio e autônomo, nos já citados trabalhos de Duverger. A conformação constitucional da Quinta República é ponto de partida incontornável para o estudo do semipresidencialismo.

Portugal, cujas relações com o Brasil dispensam comentários, adota o sistema há mais de quarenta anos. A Constituição portuguesa de 1976 foi um marco para países que adotaram o sistema do final do século passado em diante. A Constituição do Timor-Leste, por exemplo, espelha-se no texto constitucional português para conformar seu sistema de governo – caso em que uma das mais jovens democracias do mundo optou pelo semipresidencialismo, não obstante a ausência de instituições notadamente estáveis.[75] Além disso, a proximidade cultural com nosso país faz com que Portugal seja uma referência, jurídica e politicamente, mais palpável que a própria França.

A Rússia adota, desde 1993, o sistema semipresidencialista como opção constitucional. Pelo critério de Robert Elgie, não se levanta qualquer dúvida quanto à caracterização do sistema, a despeito do real funcionamento das instituições. O semipresidencialismo, como *situação* em que o texto constitucional prevê determinados elementos, comporta, como já aventado, algumas distorções no plano real. E a Rússia é um dos melhores exemplos disso. Permanece, no entanto, um país semipresidencialista de acordo com o conceito dominante na literatura especializada – do qual este trabalho se vale. Como já alertado, seria relativamente incoerente desconsiderar experiências de fracasso democrático, e deveras conveniente propagar apenas o sucesso do sistema.

Ademais, França e Portugal são países unitários cujos respectivos tamanhos equiparam-se a estados brasileiros. A Rússia, assim como o Brasil, é um país de dimensão continental que adota a forma federada. Ao lado da Áustria, é uma das duas únicas expressões de países semipresidencialistas federados, visto que a vasta maioria de experiências comparadas reúne semipresidencialismo e Estado Unitário.

Cada um dos três países será analisado a partir de três tópicos: (i) a história do constitucionalismo, até o advento da opção pelo sistema de governo estudado; (ii) as instituições semipresidenciais e (iii) o histórico recente – como o semipresidencialismo se apresenta, ou deixa de se apresentar, na respectiva realidade constitucional atual.

O objetivo deste capítulo, portanto, é analisar as instituições semipresidenciais em três países paradigmáticos para o estudo do semipresidencialismo, tanto para que melhor se compreenda o sistema em si quanto para pensar eventual conformação ao caso brasileiro.

2.1 França

2.1.1 História do constitucionalismo francês

A Constituição da Quinta República da França foi influenciada por experiências constitucionais passadas e obteve contornos marcantes das ideias de seu principal patrono, general De Gaulle. Um estudo da

---

[75] Para um estudo aprofundado da experiência constitucional timorense, cf. FEIJÓ, 2018.

Constituição atual exige, portanto, uma breve exploração da história do desenvolvimento constitucional na França, particularmente após a Revolução Francesa de 1789.

A Constituição francesa herdou muito das constituições do passado em geral, sobretudo das constituições da Terceira e Quarta repúblicas. A França, em média, muda sua Constituição a cada 12 anos desde 1789. Entre 1789 e 1858, a França possuiu 16 constituições diferentes, uma das quais permaneceu em vigor por apenas 21 dias.

As constituições da Terceira e Quarta repúblicas permaneceram em vigor por alguns anos, mas seu funcionamento sempre foi considerado insatisfatório. A Constituição da Terceira República, por exemplo, vigeu por 65 anos, mas o sistema multipartidário manteve todos os governos estabelecidos sob ela instáveis. A Constituição da Quinta República, entretanto, vem trabalhando com relativo sucesso nas últimas seis décadas.

Um estudo da história constitucional da França começa naturalmente em 1789. Nesse ano, eclodiu em França uma revolução na qual o povo se revoltou, em nome de "Liberdade, Igualdade e Fraternidade", contra o rei, a nobreza e a burocracia. Nesse espírito, foi criada a Assembleia Nacional, órgão que emitiu a histórica Declaração dos Direitos do Homem e do Cidadão, em 26 de agosto de 1789.

A revolução contrariou o domínio absoluto do rei com a noção de soberania popular absoluta. A velha máxima "O rei não pode fazer errado" foi substituída pela nova: "O povo está sempre certo".

Adiante, em 1791, uma comissão especial preparou a Constituição sob a qual a França foi declarada República. No entanto, como esta Constituição não foi apreciada nem deliberada pelos revolucionários, uma outra foi redigida e aprovada pelo povo em 1793.

A Constituição da França de 1793 estabeleceu a nação como uma democracia liberal, com princípios de eleição direta e sufrágio universal masculino. Contudo, alguns revolucionários criticaram a carta. Para apaziguá-los, nela foram feitas várias emendas. Em 1795, a Constituição havia sido alterada de forma tão significativa que se tratava efetivamente de um novo documento.

Nesse ínterim, um órgão chamado Diretório foi criado. Composto por 500 membros, dentre os quais 5 foram nomeados diretores, ele foi constituído para guiar a pátria. Em 1799, o Diretório foi substituído por um consulado. Nesse mesmo ano, um oficial militar chamado Napoleão Bonaparte tornou-se seu primeiro cônsul.

Em 1804, Napoleão Bonaparte declarou ser o imperador da França. Ele estabeleceu uma administração forte, técnica e centralizada na sua pessoa. Nesse contexto, foi adotada uma política expansionista, usando a guerra como um meio para ampliar os domínios franceses. Em 1815, depois de várias derrotas em frentes diferentes, Napoleão sofreu um dos golpes finais pela mão dos britânicos na Batalha de Waterloo. Após essa derrota, o governo napoleônico foi destituído e a Monarquia Bourbon restaurada ao poder na França.

A restauração da monarquia foi muito contestada. Assim, no intuito de angariar apoio tanto dos liberais quanto dos reacionários, o rei Luís XVIII emitiu uma carta concedendo liberdade religiosa e liberdade de imprensa ao povo, todas essas tentativas sem sucesso.[76]

Em 1830, a França passou por outra revolta, que resultou na fuga de Charles X, sucessor de Luís XVIII, do país. O povo então elegeu o duque de Orleans, Phillips, como seu rei. Phillips foi empossado como monarca constitucional em um sistema parlamentar. Embora ele fosse bastante popular entre o povo e houvesse introduzido uma série de reformas liberais, os radicais não aceitavam mais a presença de um monarca governante. Em 1848, outra revolução ocorreu na França, e o rei acabou abdicando do trono.

Alguns sectários da Revolução de 1848 na França tinham apelos socialistas e, também por isso, o país adotou uma nova Constituição Republicana, chamada de Constituição da Segunda República. Esta nova Constituição adotou um sistema de governo presidencial, semelhante ao sistema americano. O presidente francês era o chefe do Poder Executivo por um mandato fixo de quatro anos. O primeiro presidente da Segunda República foi Louis Napoleón, que era sobrinho de Napoleão Bonaparte. Em 1851, na véspera das eleições presidenciais, ele esmagou a oposição com a ajuda do exército, e assumiu o poder de maneira autoritária. Proclamou-se, então, imperador da França em 1852, dando fim à República.

Com o fim da Segunda República, a monarquia reapareceu. Dessa vez, ela durou 18 anos. Em um contexto de expansões imperialistas, a

---

[76] Sobre esse período histórico, Luís Roberto Barroso (2022, p. 54) observa que "a Restauração monárquica de 1814-1815 parecia encarnar o fim do processo revolucionário francês. Mas só na aparência. A Revolução, na verdade, vencera. A França, a Europa e o mundo já não eram os mesmos e jamais voltariam a ser. O Antigo Regime estava morto: não havia mais absolutismo real, nobreza, estamentos privilegiados, corporativismo ou o poder incontestável da Igreja Católica".

França e a Alemanha acabaram por se envolver em um conflito armado. Acontece que a Alemanha de Bismarck era militarmente superior à França de Louis Napoleón. Sendo assim, após um período violento, a França foi derrotada em 1870, quando o golpe final foi dado ao reinado de Louis Napoleón.

Em 1871, a Assembleia Nacional da França fez um tratado de paz com a Alemanha, sendo esse o estopim para uma guerra civil na França. O governo só foi capaz de pôr fim a esta guerra quase três anos depois de iniciada. Em 1875, uma nova Constituição foi adotada pela França, a qual ficou conhecida como a Constituição da Terceira República. Sob esta Constituição, foi adotada uma forma de governo parlamentar, com o presidente como chefe de Estado Constitucional e poderes executivos investidos no primeiro-ministro e no Conselho de Ministros. O Executivo era responsável perante a Assembleia Nacional, que foi transformada em uma legislatura bicameral composta pela Câmara dos Deputados e pelo Senado.

A Constituição da Terceira República, com todos os seus percalços – como a flexibilidade excessiva –, vigeu por 65 anos, até a Segunda Guerra Mundial. Durante esse período, a França teve 87 primeiros-ministros, aproximadamente 1 a cada 9 meses.

Com o fim da Segunda Guerra, ainda na vigência da Constituição da Terceira República, um novo governo interino foi estabelecido na França. Este novo governo decidiu criar uma Assembleia Constituinte com a finalidade de elaborar uma Constituição. Em 21 de outubro de 1945, uma assembleia constitucional eleita iniciou esse processo.

A Constituição elaborada foi rejeitada pelo povo por meio de um referendo realizado em 5 de maio de 1946. Como resposta aos anseios populares, foi criada uma nova Assembleia Constituinte. Esta nova assembleia conseguiu formular uma Constituição que foi ratificada pelo povo francês em outubro de 1946. Esta, que ficou conhecida como a Constituição da Quarta República, declarava a França como uma República laica, social, democrática, indivisível e estabelecia um sistema de governo parlamentar puro.

Este sistema era instável e gerava governos fracos, com pouca governabilidade. Somado ao problema da governabilidade, o governo francês foi abalado pelas revoltas em suas colônias, principalmente na Argélia. No último caso, teve de montar um comitê de defesa pública para lidar com a situação. Este comitê, amplamente partidário do general De Gaulle, pressionou para que ele fosse empossado como primeiro-ministro, com a finalidade de organizar o comando político, o que facilitaria, assim, a ação dos militares.

Em 1958, De Gaulle tornou-se o primeiro-ministro da França e deu azo às operações ultramarinas na Argélia. Ademais, percebendo as fragilidades do sistema político, De Gaulle declarou sua intenção de redigir uma nova Constituição para França. Ele não era a favor do sistema parlamentar de governo e, em vez disso, declarou sua preferência por um sistema presidencial.

Sob sua direção e iniciativa, a Constituição da Quinta República foi preparada e aprovada pelo povo em outro referendo. A nova Constituição entrou em vigor em de 1958, marcando o fim da Quarta República e o início da Quinta República.

O sistema de governo pensado para a Quinta República era um parlamentarismo racionalizado, em que existiriam limites da influência do Parlamento francês sobre os atos do governo. O presidente, por seu turno, seria eleito indiretamente. Em 1962, ocorreu uma importante mudança na Constituição que previa a eleição direta para o chefe de Estado, mediante sufrágio direto e universal. Após a aprovação dessa emenda, a França mudou seu sistema de governo para um semipresidencialismo.

2.1.2 Semipresidencialismo: poderes do presidente; poderes do governo; interface entre os poderes

O presente trabalho seguiu a linha doutrinária e o léxico propostos por Robert Elgie na análise do semipresidencialismo, sendo este definido como o sistema de governo previsto constitucionalmente em que coexistem um presidente eleito diretamente, com mandato fixo, e um governo exercido por um primeiro-ministro e seu gabinete, coletivamente responsáveis perante a legislatura.[77]

Dessa maneira, à luz da definição dada no parágrafo anterior, ao se observar o mecanismo de interações de entre o Poder Executivo e o Poder Legislativo francês previstos na Constituição, é forçoso concluir que o sistema de governo francês é semipresidencialista.

Isso se justifica porque, desde 1962, o presidente francês passou a ser eleito por sufrágio universal e direto, como exposto no artigo 6º

---

[77] ELGIE, 2011, p. 22.

da Constituição. Esse dispositivo completa o primeiro requisito da definição dada por Robert Elgie.

Também porque os artigos 49 e 50 da Constituição francesa apregoam a possibilidade de a Assembleia Nacional, câmara baixa, contestar a responsabilidade do governo por meio de rejeição de programa, de declaração de política geral do governo ou de votação de moção de censura. Esses são casos em que o governo deve apresentar sua demissão ao presidente da República. Assim, tais dispositivos completam o segundo atributo da definição de semipresidencialismo.

Presente os dois requisitos, somos obrigados, à luz do marco teórico, a concluir que a França possui um sistema de governo semipresidencialista.

2.1.2.1 Os poderes do presidente

A Constituição francesa disciplina as faculdades, os poderes e os deveres do presidente da República no Título II, que abrange os artigos 5º ao 19.

O presidente da República deve zelar pelo respeito à Constituição e assegurar, por meio de sua arbitragem, o bom funcionamento dos poderes públicos bem como da continuidade do Estado. Ele é o garantidor da independência nacional, da integridade territorial e do respeito aos tratados (artigo 5º).

Este artigo apresenta as funções presidenciais a partir de três perspectivas:[78] o presidente enquanto (i) guardião da Constituição, enquanto (ii) árbitro e enquanto (iii) garantidor da independência nacional, da integridade territorial e do respeito aos tratados. Cada uma dessas perspectivas e funções se relacionam mutuamente e encontram eco em vários outros dispositivos constitucionais.

Sob o jugo da função de guardião da Constituição, encontra-se, por exemplo, o poder do presidente de acionar a corte constitucional para o controle de constitucionalidade preventivo das leis, como se vê no artigo 54 da Constituição. Ainda nessa mesma função, o artigo 61 permite que o presidente leve os compromissos internacionais para avaliação da compatibilidade da Constituição. Essas competências são

---

[78] FORMERY, 2018, p. 19-21.

classificadas como ativas e indiretas,[79] tendo em vista que o presidente tem a iniciativa das medidas, mas não cabe a ele decidir a controvérsia.

Ademais, a doutrina considera que o presidente está sob o jugo da função de guardião constitucional quando age na vida institucional da nação. Como exemplo, pode-se citar o artigo 9º da Constituição, que estatui que o presidente presidirá o Conselho de Ministros. Além disso, explicita-se o artigo 16, no qual há expressa menção à possibilidade de que o presidente tome medidas circunstanciais excepcionais quando as instituições da República, a independência da nação, a integridade do seu território ou a execução dos seus compromissos internacionais forem ameaçadas de forma grave e imediata, ou quando o regular funcionamento dos poderes públicos constitucionais for interrompido. Nesses casos, as competências são ativas e diretas,[80] pois o presidente tem a iniciativa das medidas e resolve a questão.

A perspectiva do presidente como árbitro institucional é a que mais levanta questionamentos. Isso se deve, em parte, pela diferença entre o racional filosófico-jurídico nas discussões constitucionais e a prática implantada pelo chefe de Estado.

Ao final da Segunda Guerra Mundial, em 1946, foi adotado o modelo parlamentarista, e o chefe de Estado seria o presidente. Este foi pensado para agir como um árbitro nacional, que atuaria acima das contingências políticas e afirmaria a continuidade do Estado. Nesse sentido, nota-se que originalmente a arbitragem foi pensada com um ar de neutralidade necessário para a solução dos conflitos entre os poderes.[81]

Esse pensamento foi empregado na Constituição da Quinta República. Não à toa Michel Debré, então ministro da Justiça e um dos articuladores da Constituição, afirmou que o presidente da República não tem outro poder senão o de pedir a outros poderes: pede ao parlamento, pede à comissão constitucional e pede ao povo.[82] Isso evidencia o caráter continuísta da função do presidente como árbitro, uma vez que ele não tomaria a frente das discussões e não participaria do jogo político. Antes, interviria pedindo aos outros poderes para angariarem algum interesse ou renunciarem a alguma pretensão.

---

[79] FORMERY, 2018, p. 22.
[80] FORMERY, 2018, 2018, p. 23.
[81] COHENDET, 2009.
[82] DISCOURS, 2006.

Contudo, a interpretação de De Gaulle era a de que o presidente deveria ter uma "arbitragem ativa", de que os poderes conferidos ao chefe de Estado deveriam ser utilizados para servir e orientar o país.[83] [84]

Para De Gaulle, o presidente não poderia ser inerte politicamente, mas também não poderia ser dobrado às conjunturas, conforme afirmou o general no famoso discurso em Bayeux.[85]

Dois fatos decisivos, apontados pela doutrina, para que a arbitragem do presidente passasse a ser ativa foram a modificação para eleição direta do chefe de Estado e o advento de maiorias parlamentares coesas ao presidente, com De Gaulle como o maior patrocinador dessa ideia. Essa configuração deu ao presidente autoridade sobre os outros poderes constituídos e permitiu que ele adotasse a cartilha política que pregava quando empossado no cargo, atuando, assim, ativamente na função de árbitro.

Por último, é sob a perspectiva de garantidor da independência nacional, da integridade territorial e do respeito aos tratados, que se amparam diversas outras competências presidenciais. Por exemplo, é sob esse ângulo que o presidente ganha proeminência na defesa e na política externa, credenciando os embaixadores e enviados extraordinários a potências estrangeiras (artigo 14), negociando e ratificando os tratados e dando a devida informação de negociações que conduzam à conclusão de um acordo internacional não sujeito à ratificação (artigo 52).

Essa mesma função de garantido da integridade do território justifica o *status* dado pelo artigo 15 da Constituição francesa de chefe das Forças Armadas ao presidente e o coloca na presidência de conselhos e comitês superiores da Defesa Nacional. Não por outro motivo, tem-se também a previsão, no já mencionado artigo 16, de tomada de decisões pelo chefe de Estado em casos excepcionais.

---

[83] FORMERY, 2018, p. 22.

[84] Essa visão ficou clara em uma entrevista dada pelo general no dia 31 de janeiro de 1964, em que ele expôs: "Presidente é o homem da nação, por ela designado para responder pelo seu destino, o presidente que nomeia o governo e, em particular, o primeiro-ministro, que o pode alterar quando considerar que a tarefa que lhe é destinada acabou, ou se ele simplesmente não se dá mais bem com ele. O presidente que decide as decisões tomadas nos conselhos, que promulga as leis, que negocia e assina os tratados, que decreta ou não as medidas que lhe são propostas, que é o chefe dos exércitos, que nomeia os cargos públicos, eu remeto-lhe à Constituição. O presidente que, em caso de perigo, deve assumir a responsabilidade de fazer o que for necessário, o presidente é naturalmente o único titular da autoridade do Estado. Mais precisamente a natureza, a extensão, a duração de sua função exigem que ela não seja absorvida pela conjuntura política, parlamentar, econômica etc." (CONFÉRENCE, 1964).

[85] LE DISCOURS..., 1946.

Ademais, o presidente francês é eleito para mandato de cinco anos por sufrágio universal direto, não podendo exercer mais de dois mandatos consecutivos (artigo 6º). Como já dito, o modelo de eleição presidencial direta está no cerne da criação de um sistema de governo peculiar, o semipresidencialismo, em cuja adoção a França é um dos países pioneiros.

A versão original da Constituição francesa de 1958, mesmo prevendo a existência de um presidente da República, impôs um modelo essencialmente parlamentarista. Isso porque o chefe de governo era responsável perante o Parlamento, e o chefe de Estado, o presidente, não era eleito de forma direta ou com colégio eleitoral específico para a designação do chefe de Estado.

Apesar de continuar parlamentarista, a Quinta República se diferenciou radicalmente da Quarta República ao dar proeminência ao presidente da República. Essa previsão de poderes dados ao presidente foi creditada à necessidade de resolver as disfuncionalidades do parlamentarismo da Quarta República, na qual o presidente e o primeiro-ministro eram submissos à Assembleia Nacional. Isso desequilibrava a relação entre o Executivo e o Legislativo, uma vez que ambos ficavam reféns de maiorias eventuais postas no Parlamento.[86] A essa tentativa de balanceamento entre o Poder Executivo e Legislativo se deu o nome de "parlamentarismo racionalizado".[87] Citam-se, a título de exemplo dessa racionalização, os poderes de dissolução da Assembleia Nacional (artigo 12) e a chefia do Conselho de Ministros (artigo 13), dados ao presidente para contrabalancear o jogo institucional.

Além disso, no texto original de 1958, o presidente, chefe de Estado e um dos cabeças do Poder Executivo, era eleito para mandato de 7 anos, de maneira indireta, por meio de colégio eleitoral composto pelos deputados da Assembleia da República, dos conselhos gerais, das assembleias dos territórios ultramarinos e dos representantes eleitos dos conselhos municipais[88] (artigo 6º). Já o primeiro-ministro, a outra cabeça do Poder Executivo, era indicado pelo presidente da República (artigo 8º) e era responsável perante o Parlamento.

O primeiro presidente eleito nesse sistema foi o general Charles De Gaulle, um homem de personalidade forte, conhecido por ser

---

[86] TAVARES, 2018, p. 68.
[87] BOYRON, 2013.
[88] REPÚBLICA FRANCESA, [1958].

intransigente na defesa dos seus ideais.[89] Nesse ínterim, ao assumir o cargo de presidente, De Gaulle imprimiu uma interpretação própria da Constituição. Ele trouxe o entendimento de que a liberdade de escolha do primeiro-ministro, por parte do presidente, era total; de que o primeiro-ministro deveria se reportar diretamente a ele[90] e de que o presidente deveria agir e influenciar politicamente as ações do governo. Muitos esperavam que as interpretações constitucionais gaullistas fossem desaparecer com o homem,[91] o que não se confirmou com o tempo, tendo em vista as mudanças feitas na Constituição.

A interpretação gaullista acirrou a disputa entre o Parlamento e a presidência e marcou os primeiros anos de vigência da Constituição. Com ambos os lados buscando minar a atuação do outro, De Gaulle se valia de práticas que não se encaixavam na lógica do sistema parlamentarista. Um exemplo que se pode citar foi o uso de referendos para ganhar legitimidade popular em detrimento do Parlamento, inflando os poderes presidenciais de tomada de decisão.

Para tentar alinhar as expectativas da presidência da República e do Parlamento, foi proposta a alteração no texto constitucional para coincidir as maiorias tanto parlamentares quanto presidenciais. Isso foi feito institucionalizando as interpretações da Constituição encabeçadas por De Gaulle.

Essa institucionalização foi feita pela mudança de artigos da Constituição. Isso fez com que o presidente fosse eleito por sufrágio universal direto, criando oficialmente o que entendemos por semipresidencialismo.

Como o Parlamento era majoritariamente contrário a essa reforma, a saída encontrada por De Gaulle foi recorrer ao artigo 11 da Constituição, que permitia ao presidente submeter a referendo projetos de lei relativo à organização dos poderes públicos[92] e inserir, dentro de "organização de poderes públicos", as competências e disposições do presidente. O caminho que a oposição alegava ser normal para tal alteração seria a revisão constitucional prevista no artigo 89, segundo o qual era necessária a votação da proposta por ambas as casas do Legislativo em termos idênticos e sua posterior validação por referendo.

---

[89] FENBY, 2010.
[90] BOYRON, 2013, p.85.
[91] BOYRON, 2013, p. 96.
[92] REPÚBLICA FRANCESA, [1958].

Logo após a anunciação do plano de De Gaulle, a Assembleia Nacional aprovou uma moção de censura para com o governo de Pompidou, então primeiro-ministro, um dos poucos meios que lhe restava de discordar da medida. O primeiro-ministro, então, apresentou ao presidente sua renúncia formal, conforme preceito constitucional.

O presidente reagiu dissolvendo a Assembleia Nacional e pronunciou-se à nação dizendo que, caso o resultado do referendo fosse contrário à sua proposta, ou ainda que fosse favorável, mas por uma margem pequena de aprovação, ele renunciaria.[93]

Durante o período em que a Assembleia Nacional esteve dissolvida,[94] foi realizado o referendo acerca do voto direto para eleição do presidente da República. O resultado estampou uma vitória de De Gaulle, com 62,25% dos votos favoráveis à medida. A vitória ajudou a minar a narrativa de inconstitucionalidade do voto direto, uma vez que, em última análise, a soberania francesa residia em seu povo e que este dera o aval para a aprovação da medida. Tal narrativa, ademais, foi soterrada pela corte constitucional, que negou a apreciação da constitucionalidade por se considerar incompetente para verificar a compatibilidade com a Constituição de leis submetidas a referendo.[95]

As modificações constitucionais deram início ao sistema semipresidencialista, especialmente as feitas no artigo 7º, que agora previa que a eleição do presidente seria feita por maioria dos votos expressos, e que, caso não fosse obtido no primeiro escrutínio, seria realizado um segundo pleito 14 dias, depois no qual só seriam admitidos dois candidatos, aqueles dois com o maior número de votos no escrutínio anterior.

Ainda era previsto que, caso houvesse vacância por qualquer razão, ou caso o presidente fosse declarado impedido, assumiria um novo presidente de forma interina (artigo 7º). As situações de vacância ocorrem quando não há mais quem ocupe o cargo de presidente. A Constituição não define exatamente quais são as situações referentes à vacância, mas a doutrina é uníssona[96] ao reconhecer a renúncia, a morte ou a destituição do cargo pelo procedimento descrito no artigo 68 da Constituição, como será visto mais à frente, como formas de vacância do cargo. Antes de 2007, também se referia à condenação do presidente

---

[93] ASSEMBLÉE NATIONALE, [2022].
[94] ASSEMBLEIA NACIONAL, [2022].
[95] DÉCISION nº 62-20..., 1962.
[96] FORMERY, 2018, p. 27.

por alta traição como uma causa de vacância do cargo; contudo, devido a mudanças no texto constitucional e a consequente supressão desse dispositivo, não há mais essa previsão.

Em relação ao impedimento, este pode ser temporário ou definitivo. Para ser reconhecido, o impedimento é apresentado pelo governo perante o Conselho Constitucional e este determinará ou não a situação em que se encontra a presidência.

As situações de impedimento também não são previstas na Constituição. Cita-se, a título exemplificativo, doença, escândalo, partida para o exterior, sequestro, dentre outras, como situações em que seria possível considerar o presidente como impedido.

Há uma diferença prática importante entre o impedimento definitivo e o impedimento temporário: a necessidade de convocar ou não novas eleições. No caso do temporário, não há justificativa para se organizar a eleição de outro presidente, uma vez que o ocupante pode reassumir as condições de exercer o seu papel. Já no caso de impedimento definitivo, bem como no de vacância, devem ser chamadas novas eleições no prazo entre 20 e 35 dias, salvo em motivos de força maior a ser especificada pela corte constitucional.

Na França, assim como em alguns outros países semipresidencialistas, não há a figura do vice-presidente. Quando há a necessidade de assumir interinamente, quem toma as rédeas da nação é o presidente do Senado, conforme o artigo 7º. Se este assumir, todos os poderes do presidente lhe são transmitidos, à exceção dos poderes previstos nos artigos 11 e 12, que basicamente dizem respeito à possibilidade da convocação de referendo para a população e da dissolução da Assembleia Nacional.

Parte dos poderes presidenciais será tratada no tópico de interface entre os poderes, tendo em vista que o presidente o exerce em face de outras instituições que compõem o sistema de governo, ou seja, influenciam a forma como o Executivo e o Legislativo se relacionam.

2.1.2.2 Poderes do governo

A Constituição prevê a existência de um governo que determina e conduz a política da Nação (artigo 20). A posição institucional que o governo ocupa tem sido o centro de inúmeros debates doutrinários, pelo fato de parte dos estudiosos do direito constitucional francês crerem que o texto constitucional é desmentido pela própria prática,[97] e considerarem, portanto, a autoria real mais importante que a presunção legal. Essa doutrina argumenta que o governo é constitucionalmente o centro das duas maiorias eleitas democraticamente – a maioria legislativa, representada pelo número de cadeiras ocupadas no Parlamento, e a maioria executiva, representada na pessoa do presidente da República. Quando essas duas maiorias se apoiam, há o que na doutrina francesa se convencionou denominar "fait majoritarie" [fato majoritário], ou concordância, que pode ser definido como a unicidade de ação governamental entre o Legislativo e o Executivo.[98] Nas situações de fato majoritário, observou-se que o presidente tende centralizar em si as discussões e a condução da política.

Como reforço argumentativo, essa mesma parte da doutrina diz que a expressão "determinar a política da Nação" é suficientemente vaga para permitir a maleabilidade interpretativa necessária para transferir, ainda que não oficialmente, os poderes tipicamente identificados como próprios do governo ao presidente da República.

Sob o mesmo argumento, afirma-se que, nas situações de coabitação, quando o primeiro-ministro e o presidente não são aliados, há maior zelo na manutenção do chefe de Estado nos assuntos relativos às funções atribuídas ao governo. Nesses casos, o presidente atuaria mais como um árbitro, ainda que partidarizado.[99]

A questão da imprecisão das funções tanto do presidente da República quanto do governo e do primeiro-ministro já foi objeto da Comissão para Reflexão e Proposta Sobre a Modernização e Reequilíbrio das Instituições da V República. Na ocasião, ponderou-se que privar as instituições da flexibilidade poderia ser arriscado e comprometer a integridade institucional, principalmente nos casos de coabitação, quando ambas as maiorias estão em desacordo.[100]

O já mencionado artigo 20 ainda traz duas importantes contribuições: (i) afirma que o governo dispõe da Administração e das Forças Armadas e (ii) que ele é responsável perante o Parlamento, nas condições e de acordo com os procedimentos previstos nos artigos 49

---

[97] CARCASSONE; GUILLAUME, 2014, p. 49.
[98] TAVARES, 2018, p. 72.
[99] COHENDET, 2009, p. 33.
[100] REPÚBLICA FRANCESA, 2007.

e 50. A última contribuição será mais bem desenvolvida no tópico de relacionamento entre o governo e o Parlamento.

A primeira contribuição citada anteriormente coloca a Administração e as Forças Armadas hierarquicamente abaixo do governo. Em termos materiais, é dizer que o governo tem meios consideráveis de ação, tanto política quanto institucional, por meio da Administração Pública e das Forças Armadas,[101] estando esses meios sujeitos ao eventual controle de legalidade e de constitucionalidade.

Ademais, devemos considerar que o primeiro-ministro é o dirigente das ações governamentais, o responsável pela defesa nacional e o assegurador da execução das leis (artigo 21). Nesse sentido, o primeiro-ministro lidera o governo, ele não o resume, e sua assinatura não pode substituir a de um ministro, muitas vezes necessária para a validade de determinado ato.[102] Mas é ele, em nome de seu poder de direção, quem convoca reuniões preparatórias ou decisórias, resolve desacordos entre ministros, indica a cada um deles as restrições orçamentárias que lhes são impostas e, em geral, comporta-se como chefe da equipe do governo.

Como responsável pela defesa nacional, o primeiro-ministro, em princípio, exerce a direção militar. Nessa qualidade, formula as diretrizes gerais para as negociações relativas à defesa e acompanha o desenvolvimento dessas negociações. Ele decide sobre a preparação e a condução superior das operações e assegura a coordenação das atividades de defesa de todos os departamentos ministeriais (artigo L1131-1 do Código de Defesa).[103]

A função do primeiro-ministro de assegurar a execução das leis se adequa ao modelo constitucional francês, robustecendo tanto a autoridade do chefe de governo (enquanto hierarquicamente superior à Administração Pública) e os militares quanto o exercício do poder regulamentar de emitir decretos, ordens ou circulares (*décrets, arrêtés ou circulaires*) que vinculam a Administração (artigo 21).

O primeiro-ministro pode ser simultaneamente delegado e delegatário de funções, a depender da situação. Atua como delegado em benefício dos ministros, que são nomeados para exercer poderes que normalmente recaem sobre o chefe do governo (relações com o

---

[101] FORMERY, 2018, p. 57.
[102] CARCASSONE; GUILLAUME, 2014, tópico 153.
[103] REPÚBLICA FRANCESA, [2022].

Parlamento) ou chefe da Administração (função pública). É delegado pelo presidente da República incondicionalmente no caso dos conselhos e comitês de defesa (artigo 15) e condicionalmente no caso do Conselho de Ministros, uma vez que a substituição deve ser expressa e ter uma agenda limitada (artigo 21).

Por seu turno, o Parlamento foi historicamente colocado como representante do povo, encarnando a unidade da soberania na Assembleia. Posteriormente, a criação de uma segunda câmara foi justificada tanto para melhor divisão do poder[104] quanto para representação geográfica da população, alocada em seus territórios. Justamente por isso, hoje o Parlamento é composto pela Assembleia Nacional, câmara baixa, e pelo Senado, câmara alta (artigo 24), embora a França seja um país unitário, e não federado, como alguém poderia supor. A Assembleia Nacional possui no máximo 577 deputados, que são eleitos por sufrágio direto. Já o Senado possui no máximo 348 senadores, que são eleitos por sufrágio indireto e asseguram a representação das coletividades territoriais da República Francesa (artigo 24).

Atualmente, o Parlamento assume o papel de fiscalizador das ações do governo e avaliador das políticas públicas (artigo 24). Ele também é o responsável por aprovar a lei e, em última análise, representar o povo francês (artigo 24) junto com o presidente da República.

Para cumprir seu papel de fiscalizador do governo, o Parlamento dispõe de mecanismos que contestam a responsabilidade do governo – presentes no artigo 49 e 50. Estes mecanismos serão mais bem explicados no tópico que trata da interface entre os poderes. O poder de controle sobre as ações do governo também envolve as comissões legislativas e comissões de inquérito, que são reguladas por lei e pelo regulamento de cada casa do parlamento (artigo 51-52) e que se prestam a levantar elementos de informação ao Parlamento para o exercício do controle.

Quanto à avaliação de políticas públicas, esta visa determinar se os meios jurídicos, administrativos ou financeiros implementados permitem produzir os efeitos esperados dessa política e atingir os objetivos que lhe são atribuídos.[105] Assim, simplificadamente, a avaliação consiste em fazer um juízo de valor sobre uma determinada intervenção ou política pública, questionando sua pertinência e sua eficácia.[106]

---

[104] FORMERY, 2018, p. 61.
[105] REPUBLICA FRANCESA, 1990.
[106] QU'EST-CE..., [2022].

Para auxiliá-lo nessa tarefa, o Parlamento é assistido pelo Tribunal de Contas, conforme o artigo 47-2 da Constituição.

No tocante à função de aprovar leis, deve-se ressalvar que esta não é exclusiva do Legislativo, e que nem sempre uma lei precisa ser aprovada pelo Parlamento para ter vigor. Isso ocorre nos casos dos artigos 3º e 11, que permitem a expressão legislativa direta do povo por meio de referendo. Além do mais, em certos casos, a lei pode ser aprovada apenas pela Assembleia Nacional a pedido do governo, como se extrai da inteligência do artigo 45 da Constituição, sem passar pela câmara alta. Essas possibilidades de se exercer o poder de legislar para além do Legislativo revelam, em última análise, a capacidade da Constituição francesa de reconhecer a legitimidade direta dos cidadãos na condução política do país.

2.1.2.3 Interface entre os poderes

Até agora, as competências das principais instituições previstas na Constituição – o presidente da República, o Parlamento, composto pela Assembleia Nacional e pelo Senado, e o governo – foram quase que isoladamente expostas. Neste tópico, serão desenvolvidas algumas das relações interinstitucionais nas quais figuram, em algum dos polos, as instituições anteriores.

De modo esquemático, podemos colocar o governo e o primeiro-ministro em um dos vértices do triângulo, o presidente em outro e o Parlamento em outro. Cada aresta que liga os vértices representa as relações entre as instituições interligadas. Assim, entre o presidente e o primeiro-ministro, poderíamos citar o poder de nomeação deste por aquele e o poder de contra-assinatura que o chefe de governo tem para a eficácia de alguns atos do chefe de Estado. Entre o presidente e o Parlamento, poderíamos citar a capacidade do presidente de dissolver a Assembleia Nacional e a destituição do presidente no caso de não cumprimento dos seus deveres. Entre o primeiro-ministro/governo e o Parlamento, podemos citar a moção de censura votada pela Assembleia Nacional e a determinação da agenda parlamentar pelo governo por, pelo menos, duas em quatro semanas.

O presidente da República, na França, é o responsável por nomear o primeiro-ministro e extingue suas funções com a apresentação da demissão deste do governo (artigo 8º). Desde 1958, o presidente possui uma competência muito ampla para escolher o primeiro-ministro.

Diz-se isso pois as limitações impostas ao chefe de Estado na escolha não são jurídicas *stricto sensu*; antes, as limitações são políticas e factuais que levam em consideração preponderantemente a responsabilidade do governo perante o Parlamento – conforme preveem os artigos 20 e 49. A escolha presidencial é legalmente discricionária, mas politicamente restrita.

Além disso, sob proposição do primeiro-ministro, o presidente nomeia os demais membros do governo e os remove de suas funções (artigo 8º). A prática revela, a esse respeito, diferenças notáveis de acordo com as personalidades dos presidentes e primeiros-ministros. Geralmente, considera-se que em áreas em que o presidente tem poder pessoal (política externa, defesa), ele exerce uma escolha mais minuciosa, enquanto, para o resto, o primeiro-ministro propõe a composição da equipe do governo de forma bastante livre.

A demissão do primeiro-ministro só é obrigatória ao presidente em caso de aprovação, pelos parlamentares, de moção de censura que expresse desconfiança deles para com o governo. Caso contrário, a demissão será sempre voluntária. Legalmente, o presidente não pode demitir o primeiro-ministro livremente (*at will*). Contudo, politicamente, verifica-se que nas situações de concordância ou fato majoritário – quando o presidente indica um primeiro-ministro alinhado e possui a maioria na assembleia –, muitas vezes, a demissão voluntária é provocada pela vontade política do próprio presidente.

É interessante notar que, na coabitação, a escolha do presidente é meramente formal, pois, materialmente, a escolha é feita pelos líderes no Parlamento, que são opostos ao chefe de Estado. Isso muda o modelo político de tal forma que o presidente não vê alternativa senão aceitar o nome indicado pela maioria parlamentar, ainda que esse nome e a competência para indicá-lo ao cargo sejam exclusivamente seus.

O artigo 12 da Constituição francesa, por sua vez, assinala que o presidente da República pode, após consulta ao primeiro-ministro e aos presidentes das assembleias, pronunciar a dissolução da Assembleia Nacional. Poucas são as limitações desse poder; o chefe de Estado pode dissolver a assembleia por qualquer motivação, desde que sejam ouvidas, antes, as autoridades elencadas no artigo. Mesmo que as autoridades que o presidente deve consultar advirtam negativamente contra a dissolução da assembleia, permanecerá com o presidente a faculdade de fazê-lo.

Embora a Constituição não preveja limites materiais – no que diz respeito a matérias gatilho de dissolução, como acontece em outros países, como a Rússia, ao ter o nome do primeiro-ministro negado por três vezes, ou na Polônia, quando o orçamento é reprovado no Parlamento –,[107] ela prevê alguns limites temporais e circunstanciais para a dissolução. Nesse sentido, quando estiver pendente a vacância do presidente da República e o interino estiver ocupando o cargo, este não possui o poder de dissolver a assembleia, nos termos do artigo 7º. De semelhante forma, quando o presidente assume os poderes excepcionais previstos no artigo 16, ele fica impedido de dissolver a assembleia. Já a última limitação é temporal. Depois de realizadas as novas eleições, o presidente não poderá dissolver a assembleia por um ano.

A doutrina francesa explica essa última limitação salientando que, quando o presidente é levado a recorrer ao povo, ele deve aceitar o veredicto por este alcançado por pelo menos por um ano. O presidente não pode, se não estiver satisfeito com o resultado da votação, provocar novas eleições sem ser visto como manobrando contra a vontade do povo.[108]

O Parlamento, por sua vez, possui a competência para destituir o presidente da República em casos de violação das suas funções ou exercício de funções manifestamente incompatíveis com o seu mandato (artigo 68). A definição de "violação das suas funções" certamente é imprecisa,[109] mas oferece um critério relevante para a análise sistêmica da Constituição: como é o mandato presidencial que precisa ser protegido, ele deve ser protegido contra qualquer coisa que possa impedir seu exercício normal, inclusive o incumbente. A violação do dever pode ou não ter uma dimensão criminal – caso em que a pessoa em questão responderá nos termos do direito comum após sua remoção –, mas há muitas situações em que não é o caso. De toda a forma, o juízo é principalmente uma avaliação política de duas questões conexas: a suposta violação do dever existe? Os atos são compatíveis com o exercício do mandato?

O julgamento dos casos de destituição é feito pelo Tribunal Superior, constituído pela união das duas casas do Parlamento e liderado pelo presidente da Assembleia Nacional (artigo 68). As decisões

---

[107] SIAROFF, 2003.
[108] FORMERY, 2018, p. 41.
[109] CARCASSONE; GUILLAUME, 2014, tópicos 440-447.

devem ser tomadas por maioria de dois terços dos membros que compõem o tribunal superior. Este deve deliberar sobre a destituição em voto secreto dentro do prazo de um mês, sendo que essa decisão entra em vigor imediatamente (artigo 68).

Em suma, se é conveniente proteger a função da presidência, é igualmente essencial que um procedimento permita sancionar os ataques que o próprio comportamento do presidente da República possa levar à instituição.

Como o ataque a uma instituição resultante do sufrágio universal só pode ser apreciado pelo representante do povo soberano, cabe ao Parlamento tomar tal decisão. Constituído em tribunal superior, o Parlamento não se pronuncia sobre a natureza ou a qualificação criminal das infracções cometidas pelo chefe de Estado, mas sim sobre a compatibilidade dessas infracções com a função e a deposição do presidente. O presidente deposto torna-se novamente um cidadão comum, e pode então, se essa violação constituir um delito, ser processado perante os tribunais de direito comum.[110]

A destituição é concebida como uma válvula de segurança que, em casos excepcionais e graves, preserva a continuidade do Estado, ao pôr fim, por meio de mecanismos que apresentem todas as garantias, a uma situação que se tornou insustentável.[111]

O relacionamento do governo com o Parlamento é uma via de mão dupla. Se, por um lado, o Parlamento pode aprovar uma moção de censura que encerrará as atividades do governo, por outro, este possui algumas faculdades especiais de poder de agenda do Parlamento.

Em sistemas semipresidencialistas como o francês, o governo necessariamente é responsável perante o Parlamento. A Constituição francesa e as práticas constitucionais asseguram que os devidos mecanismos de monitoramento de atividades do governo estejam operantes, e que, caso o Parlamento não esteja satisfeito com os resultados daquele, haja a possibilidade de censurá-lo.

Nessa senda, o artigo 49 identifica três possíveis maneiras pelas quais a Assembleia Nacional pode retirar sua confiança no governo. Na primeira maneira, o primeiro-ministro, após deliberação do Conselho de Ministros, requer um voto de confiança à Assembleia Nacional sobre o programa de governo, ou eventualmente sobre uma declaração de

---

[110] PROJET..., 2007.
[111] STATUT..., [2022].

política geral, mediante o compromisso de responsabilidade do governo. Esse mecanismo é utilizado pelo primeiro-ministro, por exemplo, para vincular uma nova maioria parlamentar a um governo recém-nomeado; para reunir apoio de maioria parlamentar quanto à determinada proposta legislativa; para fortalecer um primeiro-ministro enfraquecido; ou ainda para permitir que membros do Parlamento expressem sua opinião sobre uma política originada na presidência, como ocorreu com Michel Rocard, em janeiro de 1991, sobre a Guerra do Golfo.[112] Desde a promulgação da Constituição em 1958, nenhum governo foi retirado de sua posição com base nesse dispositivo.

A segunda possível maneira de o Parlamento retirar sua confiança do governo é se um décimo dos deputados da Assembleia Nacional apresentar uma moção de censura. Esta será votada no período de 48 horas de sua apresentação e deve ser aprovada por maioria dos membros que compõem a assembleia. Um mesmo deputado não pode ser signatário de mais de um três moções de censura durante uma mesma sessão ordinária (artigo 49). Se a moção é aprovada, ela engatilha a renúncia de todo o governo. Somente Georges Pompidou teve uma moção de censura aprovada contra seu governo.[113]

O terceiro mecanismo previsto no artigo 49 especifica que o primeiro-ministro pode, após deliberação do Conselho de Ministros, responsabilizar o governo perante a Assembleia Nacional pela votação de um projeto de lei de financiamento das finanças ou da segurança social. Nesse caso, considera-se este projeto aprovado, salvo se for votada uma moção de censura, apresentada nas 24 horas seguintes. Isso implica dizer que, mesmo que não haja votação favorável ao projeto, se não houver moção de censura, o projeto se tornará lei.

Por fim, embora o artigo 20º da Constituição preveja que o governo é "responsável perante o Parlamento", esse princípio é imediatamente matizado pelo mesmo artigo: "Nas condições e de acordo com os procedimentos previstos nos artigos 49 e 50." Na realidade, o governo só pode ser derrubado pela Assembleia Nacional.

Assim, pode-se questionar o sentido do artigo 49 quando o primeiro-ministro utiliza a faculdade que lhe foi conferida para solicitar ao Senado a aprovação de uma declaração de política geral. A Constituição não prevê quaisquer consequências em caso de voto desfavorável da

---

[112] BOYRON, 2013.
[113] GEORGES..., [2022].

câmara. A doutrina[114] deduz que esse procedimento é apenas um gesto de cortesia para com o Senado, ou melhor, que só funciona num sentido: o primeiro-ministro só se apresentará ao Senado se lhe for assegurada a vantagem política, a confiança dessa casa reforçando sua ação.

A Constituição arremata seu artigo 50 especificando que, quando a Assembleia Nacional adota uma moção de censura, ou quando rejeita o programa ou uma declaração de política geral do governo, o primeiro-ministro deve apresentar ao presidente da República a sua demissão do governo.

O governo, por sua vez, possui poderes e competências constitucionais para influenciar a agenda do Parlamento. Nesse sentido, o artigo 48 prevê que duas semanas de sessão, em quatro, são reservadas por prioridade e na ordem determinada pelo governo para a consideração dos textos e debates dos quais solicita a inclusão na agenda.

Por fim, a relação entre o primeiro-ministro/governo e o presidente, para além da nomeação daquele por este, se presta, dentre outras coisas, a dar eficácia devida aos atos do presidente da República por meio da contra-assinatura por parte do chefe de governo e, por vezes, do ministro responsável pela pasta (artigo 19).

De mais a mais, a competência presidencial de nomear o primeiro-ministro e pôr termo a suas funções prevista no artigo 8º não se submete à regra da contra-assinatura. De igual maneira, o presidente não necessita do aval do chefe de governo para apresentar um texto a referendo popular (artigo 11), tampouco para pronunciar a dissolução da Assembleia Nacional (artigo 12). Quando o presidente toma as medidas excepcionais previstas no artigo 16, também não é necessária a contra-assinatura do primeiro-ministro. Além disso, a convocação do Conselho Constitucional, por parte do presidente, para declarar se um acordo internacional comporta cláusula inconstitucional, ou não (artigo 54), e a comunicação com o Parlamento por meio de mensagens (artigo 18) são atos que não estão sujeitos à contra-assinatura do primeiro-ministro. Por fim, a nomeação de três membros do Conselho Constitucional e do presidente da instituição (artigo 58), bem como a submissão de leis antes de sua promulgação a esse mesmo conselho (artigo 61), também não necessitam da contra-assinatura do chefe de governo.

É natural que, em um sistema semipresidencialista com chefes de Estado irresponsáveis e ministros responsáveis perante o Parlamento, os

---

[114] FORMERY, 2018, p. 107.

crescimento no investimento industrial, o que fez com que houvesse uma leve diminuição do desemprego.[122]

Mesmo com os indicadores começando melhorar, as eleições parlamentares de 1986 foram implacáveis para a esquerda francesa. A direita, somando a moderada e a radical, somou 321 votos e assumiu o controle majoritário da Assembleia Nacional. A vitória dos partidos de oposição ao presidente gerou uma situação nunca vista na França, em que as duas maiorias, a presidencial e a parlamentar, estavam em lados opostos do espectro político.

O presidente Mitterand havia manifestado durante a campanha que não renunciaria às suas funções, nem mesmo se não obtivesse a maioria do Parlamento.[123] E assim foi feito, o presidente perdeu a maioria na Assembleia Nacional e não renunciou. Com isso, teve de se submeter à vontade popular e escolher Jacques Chirac, político de linha gaullista, como primeiro-ministro.[124]

Como a coabitação era, até então, um fenômeno meramente teórico, os limites desenhados pela Constituição tiveram de ser traçados de maneira experimental. Tanto o presidente quanto primeiro-ministro forçaram e retrocederam em inúmeros aspectos até que chegassem a pontos de convergência. Cita-se, como exemplo, a dominância do presidente francês na condução da política externa e na condução dos assuntos de Defesa Nacional, consideradas domínio reservado do chefe de Estado.

Na outra mão, o primeiro-ministro era o cabeça da política interna, e o presidente era visto mais como um opositor necessário do que um coautor das medidas e propostas legislativas. A escolha política do presidente, que, no caso da coabitação, é o líder da oposição contra o governo, é feita geralmente mediante um juízo negativo – vetos, pedidos de manifestação de inconstitucionalidades etc.

A trama da segunda coabitação se inicia em 1988, anos antes de a coabitação de fato ocorrer, com a reeleição do presidente Mitterand para o cargo de chefe de Estado. As campanhas eleitorais foram marcadas por uma corrida ao centro político que acabou favorecendo o presidente, o qual possuía habilidades comunicativas apuradas e era considerado um

---

[122] MOY,1985.
[123] JE..., 1986.
[124] MADEJ, 2008, p. 184-207.

político nato,¹²⁵ enquanto seu adversário, o primeiro-ministro Chirac, se valeu de abordagens da direita internacional, a qual era impulsionada por figuras populares como Ronald Reagan e Margareth Thatcher. Como já antecipado, François Mitterand se sagrou vencedor do pleito.

Diante da derrota nas eleições presidenciais, Jacques Chirac se viu deslegitimado perante a população para continuar como chefe de governo e apresentou sua renúncia perante o recém-eleito presidente. Este aceitou a renúncia do primeiro-ministro e indicou para o cargo o socialista moderado e reformista Michel Rocard.¹²⁶

Ademais, o presidente Mitterand dissolveu a Assembleia Nacional logo no começo do seu segundo mandato, por considerar que, apesar de seus esforços, não acreditava que pudesse reunir, na configuração em que o Parlamento se encontrava, uma maioria sólida e estável de que todos os governos precisam para realizar bem seus programas.¹²⁷

Mais uma vez, a manobra de dissolução do Parlamento sagrou-se relativamente bem executada, tendo em vista que a esquerda política assumiu novamente o controle do Parlamento, com 303 assentos conquistados na Assembleia Nacional. Contudo, o Partido Socialista, que abrigava o presidente Mitterand, não conseguiu obter uma maioria parlamentar, apesar de ser o maior partido da assembleia.

Na falta de uma maioria clara, o primeiro-ministro Rocard foi forçado a confiar nas cláusulas mais restritivas da Constituição de 1958, notadamente no artigo 49/3, que permitia à minoria socialista sobreviver por um mandato completo de 5 anos. Tal ativismo político agravou uma relação já conturbada entre o primeiro-ministro e o presidente e alimentou uma amarga animosidade pessoal entre os dois. Em 1991, Rocard se viu forçado por Mitterrand a renunciar do governo, embora aquele continuasse popular.

Após a saída de Rocard, houve duas indicações sucessivas e pouco expressivas, politicamente falando, de Edith Cresson e Pierre Bérégovoy. Ambos eram partidários do presidente da República e compartilharam dos fardos de seu antecessor, ao tentarem cingir em torno de si espectros políticos ideologicamente opostos. A inércia política dos governantes, aliada a denúncias de escândalos, *déficit* orçamentário

---

¹²⁵ NORTHCUTT, 1991.
¹²⁶ COLE, 2016.
¹²⁷ DUNPHY, 1998.

crescente, desemprego e recessão econômica, formou o plano de fundo das eleições parlamentares de 1993.[128]

O resultado não poderia ter sido diferente: uma vitória acachapante da direita. Esta alcançou a marca de mais de 80% dos assentos na nova legislatura.[129] O presidente não teve escolha senão nomear de Edouard Balladur ao cargo de primeiro-ministro, dando início ao segundo período de coabitação.

Como resultado do enfraquecimento político do presidente da República e de seu partido, o segundo período de coabitação foi dominado pelo primeiro-ministro e pelo governo. Apesar de não serem aliados políticos, o período Mitterand-Balladur foi considerado um período de moderação e conciliação, tanto que críticos denominam o período como "la cohabitation en velours" [coabitação de veludo].[130] Muito disso é creditado às personalidades tanto do primeiro-ministro quanto do presidente.[131]

Novamente, o que se observou foi o tateamento das funções institucionais previstas na Constituição.[132] Tanto o presidente quanto o primeiro-ministro fizeram testes para saber quais eram os limites que se seus poderes enfrentavam diante da situação política da coabitação.

A segunda coabitação teve fim com o advento da eleição de 1995, que impreterivelmente encerraria com a presidência de François Mitterand.

A terceira coabitação teve suas bases lançadas com a eleição de Jacques Chirac para ocupar a presidência de 1995 até 2002. Quando este foi empossado, o partido com maior fração das cadeiras da Assembleia era o seu próprio, e quando somado com o outro partido aliado, atingia a esmagadora maioria dos assentos.

O termo final do mandato dos parlamentares seria em 1998. Contudo, o presidente Chirac decidiu dissolver o Parlamento um ano antes do fim, em 1997. Mas, se o partido dele era o maior da Assembleia e sua coligação possuía a maioria das cadeiras, então por quais motivos o presidente a dissolveria? Ele tomou essa decisão devido a protestos generalizados contra as reformas introduzidas pelo governo de direita e à perda de apoio de sua coligação, mostrado pelas pesquisas de opinião

---

[128] MADEJ, 2008, p. 173.
[129] BARON, [2022].
[130] BEYTOUT, 1993.
[131] POULARD, 1990.
[132] ELGIE, 2002, p. 303.

pública. Ele estava convencido de que em eleições potenciais na data fixada constitucionalmente, em 1998, seus aliados políticos enfrentariam a derrota. Chirac esperava evitar a coabitação com eleições antecipadas.[133]

Esse pensamento se mostrou um erro crasso e a ala direitista do Parlamento foi reduzida pela metade. A oposição, agora formada pela coligação de comunistas, socialistas, verdes e radicais, era a maioria. O que Chirac buscava, a todo custo, impedir foi o que acabou antecipando ao dissolver o Parlamento.

De acordo com o disposto no artigo 12 da Constituição, o presidente não poderia dissolver a Assembleia dentro de um ano da eleição dos novos parlamentares. Mesmo após esse período, Chirac decidiu por não o fazer.

Assim, não restava alternativa ao chefe de Estado senão nomear à chefia de governo aquele que fosse indicado pelo Parlamento, no caso, Lionel Jospin. Como nas ocasiões anteriores, tanto o presidente quanto o primeiro-ministro declararam que o princípio principal de sua cooperação seria a observância das prerrogativas constitucionais de determinadas autoridades. Entretanto, a divisão de competências no Executivo da Quinta República ainda não estava positivamente clara.[134]

Apesar do discurso de ambos parecer conciliatório, conforme a coabitação foi se alongando, as disputas de poder foram se complexificando, muitas vezes fugindo do padrão observado nas coabitações anteriores de: o presidente se volta para a política externa e o primeiro-ministro para a política interna. As críticas e as rixas foram se intensificando, ao passo que as eleições se aproximavam.

As interações e as forças antagônicas atuando prolongadamente começaram a preocupar os parlamentares e a elite política francesa, que viam risco de erosão democrática nessas práticas e julgavam a situação como prejudicial ao funcionamento do poder público.[135]

Nesse ínterim, algumas medidas foram tomadas para se tentar evitar a coabitação, ou, ao menos, torná-las mais curtas, como havia preconizado o primeiro-ministro Jospin ao dizer que: "A coabitação é sempre possível, se os franceses a causarem através de seu voto. Mas tem que ser pensada como parênteses. E na política, assim como na literatura, os parênteses devem ser breves."

---

[133] MADEJ, 2008, p. 200.
[134] MADEJ, 2008.
[135] DERDAELE, [2022].

Duas principais medidas se podem citar. Uma foi a Lei Constitucional nº 964, que alterou o tempo de duração do mandato presidencial de 7 para 5 anos,[136] o que fez com que o período de duração do mandato do presidente e dos parlamentares eleitos fosse igual. A outra principal medida apontada para se tentar impedir a coabitação, ou pelo menos a coabitação prolongada, foi a aprovação da Lei Orgânica nº 419 de 2001, que alterou a caducidade dos poderes da Assembleia Nacional. Dessa forma, as eleições parlamentares seriam organizadas em junho de 2002, logo após as eleições presidenciais, que ocorreriam em abril do mesmo ano.

Essas duas medidas teriam o condão de fazer com que as maiorias tanto parlamentares quanto presidenciais convirjam para um ponto focal, qual seja, o de garantir ao presidente a governabilidade. Uma vez definido quem será o próximo presidente, é natural pensar que, em pouco tempo, a população elegerá uma outra maioria que não seja coincidente com a já escolhida. Estas, até então, têm se mostrado eficazes, uma vez que não foi observado o fenômeno da coabitação desde a sua implementação.

2.2 Portugal

2.2.1 História do constitucionalismo português

As raízes do constitucionalismo português moderno residem na Revolução Liberal do Porto de 1820 e na Constituição de 1822. O movimento nacionalista, que se insurgiu contra a presença inglesa em Portugal e contra o afastamento da Corte, que se encontrava no Brasil, teve como escopo o rompimento com o Antigo Regime.

A primeira Carta Constitucional portuguesa deixa clara essa ruptura ao declarar que a lei é a expressão da vontade geral (artigo 26º), deixando de ser a expressão da vontade do soberano. Entretanto, nos fluxos e refluxos históricos, a Constituição de 1822 não teve um longo período de vigência, visto que o rei Dom João VI revogou a Constituição em 1823.

Pouco tempo após a revogação, o monarca veio a falecer, e assumiu em seu lugar Dom Pedro IV de Portugal, que viria a se tornar Dom Pedro I do Brasil. Este outorgou uma nova Constituição, em 1826, num

---
[136] REPÚBLICA FRANCESA, [2000].

verdadeiro exercício de autolimitação do poder, tendo em vista que, após a vigência da Constituição, o rei se transformou em um mero poder constituído ao lado de outros poderes, sendo, então, vedada a revisão constitucional unilateral por parte do monarca.[137]

Os direitos reais de Dom Pedro IV foram passados a seu irmão, Dom Miguel, na ocasião de sua abdicação ao trono, que fora condicionada ao casamento entre seu sucessor e sua filha, Dona Maria da Glória, e à adesão de ambos à Carta Constitucional vigente. A Constituição de 1826 foi uma das poucas constituições oitocentistas que recusou o modelo tripartite de separação de poderes e instituiu, à semelhança da Constituição brasileira, o poder moderador.

Advindos 10 anos de vigor da Constituição, eclodiu a Revolução Setembrista de 1836, cujo líder foi Passos Manoel, que visava modernizar o Estado português inserindo elementos liberais na Constituição.[138] A revolução resultou na Constituição de 1838, que fora elaborada por uma assembleia constituinte e sujeita à sanção real da rainha Dona Maria II. Essa nova carta constitucional teve como características marcantes o retorno à tripartição de poderes, a consagração de direitos fundamentais num título autônomo e a menção expressa à soberania nacional.[139]

A Constituição de 1838 esteve em vigor apenas até 1842, quando um golpe de Estado colocou Costa Cabral no poder, e restaurou a Carta Constitucional de 1826. Este regresso à Carta Constitucional de 1826 atestou a sua durabilidade ao longo do tempo. É importante mencionar que, para que este texto constitucional não perdesse a sua normatividade, foram introduzidas sucessivas emendas sob a forma de Atos Adicionais, em 1852, 1885, 1896 e 1907.[140]

A Constituição de 1826, restaurada em 1842, foi substituída em 1911, por meio de outro movimento revolucionário oficialmente iniciado em 1910, precedido pelo regicídio de Dom Carlos e do príncipe herdeiro Luís Filipe. A demanda principal dos revolucionários era o fim da monarquia e a instauração da República, pleito esse que foi acatado na nova Constituição.

As principais características distintivas desse texto constitucional são a separação entre Igreja e Estado; a extinção dos títulos

---

[137] MIRANDA, 2011.
[138] BONIFÁCIO, 1982.
[139] BOTELHO, 2013.
[140] BOTELHO, 2013, p. 235.

nobiliárquicos e das ordens honorárias; a abolição da pena de morte e dos castigos corporais perpétuos e o caráter obrigatório e gratuito do ensino primário complementar.[141] Além disso, uma ruptura importante inaugurada pela Constituição de 1911 foi a adoção, sob inspiração da primeira Constituição republicana do Brasil, do sistema de controle de constitucionalidade difuso.[142]

A Constituição de 1911 foi suplantada, em 1933, por uma nova Constituição, elaborada na ocasião da revolução salazarista. Essa nova Constituição serviu para legitimar o regime de Salazar e foi amplamente inspirada na Constituição de Weimar.

Essa Constituição foi caracterizada pela ampla presença dos direitos sociais e econômicos, pela ênfase no Poder Executivo e pela proibição da greve e do *lockout*. Contudo, embora a Constituição previsse diversos programas sociais, assim como outras experiências constitucionais europeias no período, Portugal foi afetado por uma onda de autoritarismo e repressão. Uma característica especial do país foi a duração do regime autoritário, encerrado apenas em 1974, enquanto os outros regimes autoritários e fascistas da Europa haviam se encerrado na década de 1940 e 1950.

Em 1974, um movimento essencialmente articulado pelas Forças Armadas de Portugal deu fim à quase cinquentenária ditadura. Para a transição do modelo autocrático para um modelo democrático, foi instaurada uma assembleia constituinte que seria responsável pela elaboração do novo texto constitucional.

O produto do trabalho da assembleia foi a antítese da Constituição anterior. Diz-se que a Constituição de 1933 e a de 1976 não poderiam estar mais distantes na forma como foi elaborada e aprovada, quer na dimensão, quer na estrutura e no sistema político que estabelecem.[143]

Em relação ao sistema político estabelecido, a Constituição dedica a Parte III inteira à "Organização do Poder Político". Nos dispositivos que integram essa parte, a Constituição imprime valores democráticos e liberais, bem como embasa a existência de um sistema político semipresidencialista.

---

[141] BOTELHO, 2013, p. 236.
[142] MENEZES; SILVA, 2019.
[143] ASSEMBLEIA DA REPÚBLICA, [2022].

2.2.2 Semipresidencialismo: poderes do presidente; poderes do primeiro-ministro; interface entre os poderes

Como já exposto anteriormente, este trabalho se filia à doutrina que define semipresidencialismo de forma objetiva, ou seja, sem liames subjetivos do pesquisador. Nesse sentido, chegamos à definição de semipresidencialismo como sendo o sistema de governo elaborado em um modelo constitucional em que há, concomitantemente, um presidente eleito diretamente, com mandato fixo, e um governo exercido por um primeiro-ministro e seu gabinete, coletivamente responsáveis perante a legislatura.[144]

Dessa forma, quando comparamos o modelo idealizado pela Constituição portuguesa para o relacionamento entre os poderes, principalmente entre o Executivo e o Legislativo, somos compelidos a afirmar que o sistema de governo é semipresidencialista, como veremos a seguir.

A Constituição portuguesa, em seu artigo 121, prevê que o presidente da República será eleito por sufrágio universal, direto e secreto dos cidadãos portugueses, eleitores recenseados no território nacional. Esse dispositivo faz cumprir a primeira condição da definição exposta anteriormente.

Quanto ao segundo requisito, da responsabilidade do governo exercido pelo primeiro-ministro e seu gabinete perante o Parlamento, este é preenchido com os artigos 190, 193 e 194. O primeiro estatui claramente que "o governo é responsável perante o presidente da República e a Assembleia". Os artigos subsequentes dizem respeito ao modo como essa responsabilidade pode ser arguida, seja por solicitação de voto de confiança, seja por moção de censura.

É nesses termos que se assegura a caracterização do sistema de governo de Portugal como semipresidencialista, visto que, como demonstrado, há o preenchimento dos dois requisitos da definição.

2.2.2.1 Poderes do presidente

A Constituição portuguesa de 1976 organiza o poder político indicando o povo como o seu titular e que tal poder será exercido nos termos desta Constituição (artigo 108).[145]

---

[144] ELGIE, 2011, p. 22.
[145] PORTUGAL, [1976].

Diante disso, a própria Lei Maior indica que os órgãos de soberania, que correspondem à divisão horizontal do poder político, são o presidente da República, a Assembleia da República, o governo e os tribunais (artigo 110º/1). Segundo Canotilho, os órgãos de soberania são caracterizados pelo *status* e competências constitucionais, pelo poder de auto-organização interna, pela não subordinação a nenhum outro órgão e estabelecem relação de interdependência e controle em relação a outros órgãos igualmente ordenados na e pela Constituição.[146] Cada qual com seus elementos distintivos formam um corpo coeso.

Nessa toada, vê-se que a presidência da República é uma instituição constitucional que encontra seu parâmetro de atuação principalmente na Parte III, Título II, que compreende os artigos 120 ao 146, e aqui serão identificadas suas peculiaridades.

No caso português, o presidente da República, que é o chefe de Estado, é eleito para um mandato de 5 anos (artigo 128º/1, primeira parte), por meio de sufrágio universal, direto e secreto dos cidadãos portugueses eleitores (artigo 121º/1). São elegíveis para presidente os cidadãos eleitores, portugueses de origem, maiores de 35 anos (artigo 122º). O candidato que obtiver mais da metade dos votos válidos, isto é, retirando-se os votos em branco (artigo 126º, nº 1), será eleito. Caso nenhum candidato obtenha esse número de votos no primeiro pleito eleitoral, os dois mais votados em primeiro turno disputarão um segundo turno (artigo 126º, nº 2).

O presidente eleito toma posse perante a assembleia (artigo 127º, nº 1), oportunidade em que efetua o seguinte juramento: "Juro por minha honra desempenhar fielmente as funções em que fico investido e defender, cumprir e fazer cumprir a Constituição da República Portuguesa" (artigo 127º/3). É um juramento secularizado, de valor promissório e assertivo, pelo que o presidente se compromete tanto a uma conduta futura quanto a sua adesão à Constituição, aos ideias e valores nela consagrados.[147]

Nessas condições, o presidente, agora investido no cargo, é responsável por representar a República Portuguesa, garantir a independência nacional e a unidade do Estado e regular o funcionamento das instituições democráticas. Além disso, ele é, por inerência, comandante das Forças Armadas (artigo 120).

---

[146] CANOTILHO, 2003, p. 564.
[147] CANOTILHO; MOREIRA, 2014, p. 163.

À luz desse artigo, a doutrina indica três características da presidência em Portugal, quais sejam: a responsividade, a responsabilidade constitucional e a responsabilidade internacional.[148]

A responsividade está relacionada ao dever do presidente de defender a soberania nacional e a ordem democrática portuguesa, enquanto pilares da construção de uma República soberana, baseada na dignidade da pessoa humana e na vontade popular, conforme consta no artigo 1º da Constituição. Assim, cumpre ao presidente ser responsivo para com as demandas do povo, na medida da garantia de sua soberania.[149]

A responsabilidade constitucional está no cumprimento da Constituição por parte do presidente da República. Essa característica está intimamente ligada com a responsividade, tendo-se em mente que a Constituição é produto da vontade soberana e incondicionada juridicamente do Poder Constituinte, que, em certa medida, reflete a vontade e o projeto original de democracia no país.[150]

A responsabilidade internacional está relacionada à representação externa de Portugal pelo seu presidente e todas as funções atinentes a essa competência, como a ratificação de tratados internacionais e o cumprimento de deveres internacionais. Por vezes, a responsabilidade internacional é oposta a responsividade. Isso ocorre quando os compromissos internacionais e a vontade popular se contrapõem. Um exemplo claro foi a intervenção externa vivida por Portugal de maio de 2011 a maio de 2014, resultante do acordo financeiro assinado com a Troika (Comissão Europeia, Banco Central Europeu e Fundo Monetário Internacional). Nesse caso, o Memorando de Entendimento assinado previa inúmeras privatizações que, em momentos anteriores, já haviam sido manifestadas negativamente pelo Parlamento.

As características expostas demonstram, cada uma, um feixe de responsabilidades e funções. Nesse sentido, pode-se dizer que uma das primeiras funções constitucionais do chefe de Estado é a representação da República. A nomenclatura "representação da República" foi considerada mais adequada, pois incumbe ao presidente representar não só o Estado, mas também a coletividade nacional na expressão de

---

[148] FREIRE; SANTANA-PEREIRA, 2018, p. 218.
[149] FREIRE; SANTANA-PEREIRA, 2018, p. 219.
[150] FREIRE; SANTANA-PEREIRA, 2018, p. 220.

integração da comunidade, simbolizando a unicidade do poder estatal e a inclusividade da República.[151]

Cabe também ao presidente ser o garantidor da independência nacional. Isso implica a possibilidade de medidas materiais concretas para defesa física da independência do Estado contra a ocupação, a agressão e a anexação por outro Estado. Isto é, a declaração de guerra e de paz, ouvido o Conselho de Estado e mediante autorização da Assembleia da República, conforme o artigo 135º/c. Outra implicação é a possibilidade de utilização de atos próprios para atuação na independência cultural, econômica e social, previstas no artigo 9º/1 da Constituição.[152]

O artigo 120 ainda dá ao presidente a função de garantia da unidade do Estado, que, em grande medida, ganha corpo pelos mesmos mecanismos constitucionais que embasam a garantia da independência nacional. Garantir a unidade do Estado possui doutrinariamente duas dimensões: uma funcional/orgânica e a outra territorial. A primeira significa que o presidente simboliza a unidade Estatal, ainda que haja vários órgãos de soberania. A segunda exprime a ideia de unidade do Estado enquanto território politicamente organizado que contém um povo.[153]

Para concretizar a sua função de garantidor do regular funcionamento das instituições democráticas foi constitucionalmente garantido ao presidente diversos meios de atuação, como o de requerer a apreciação preventiva da constitucionalidade de normas constantes de leis, decretos-leis e convenções internacionais e/ou de requerer a declaração de inconstitucionalidade de normas jurídicas, bem como a verificação de inconstitucionalidade por omissão (art. 134º/g e h). Outro exemplo claro de como o presidente pode agir para garantir o regular funcionamento das instituições democráticas é que somente sob essa justificativa é que este pode demitir o governo (art. 195º/2), como será visto na seção de interface entre os poderes.

O artigo 120, antes esmiuçado, é considerado a pedra de toque da presidência da República Portuguesa. Ele é uma síntese quase completa das funções presidenciais.[154] Doutrinariamente, dividem-se essas

---

[151] CANOTILHO; MOREIRA, 2014, p. 141.
[152] CANOTILHO; MOREIRA, 2014.
[153] CANOTILHO; MOREIRA, 2014.
[154] MIRANDA; MEDEIROS, 2006, p. 335.

funções em institucionais e materiais. As primeiras se desdobram em poderes de conservação e dinamização do funcionamento de outros órgãos, de regulação e controle e, por fim, de impulso,[155] e as segundas se subdividem em poderes de integração de procedimentos, de controle ou fiscalização, relativos a pessoas e poderes emergenciais graves, ou de exceção.[156]

Nesse sentido, são consideradas funções institucionais de poder de conservação e de dinamização do funcionamento de outros órgãos o fato do presidente da República presidir também o Conselho de Estado (artigo 133º/a), de ser ele o responsável por nomear cinco membro deste conselho (artigo 133º/n), nomear e exonerar, sob proposta do governo, o presidente do Tribunal de Contas (artigo 133º/m, primeira parte) e o procurador-geral da República (artigo 133º/m, segunda parte).

Ainda nessa lista, o presidente nomeia e exonera os embaixadores e enviados extraordinários (artigo 135º/q, primeira parte), e acredita os representantes diplomáticos estrangeiros (artigo 135º/q, segunda parte).

Cabe ressaltar que várias relações institucionais entre o presidente e o governo se dão sob essa classificação. Contudo, alguns serão mais bem tratadas na seção de interface entre os poderes.

Ainda sob a função institucional, mas agora relativo ao poder de regulação e controle, notabiliza-se a capacidade do presidente de dissolver a Assembleia da República, ouvidos os partidos nela representados e o Conselho de Estado (artigo 133º/e), a demissão do controle para assegurar o melhor funcionamento das instituições democráticas (artigo 133º/g e artigo 195º, nº 2) e a dissolução de assembleias legislativas regionais (artigo 133º/j e artigo 234º, nº1).[157]

Os poderes de impulso da função institucional dizem respeito à capacidade do presidente de conduzir o debate e a agenda política. Nisso, enquadram-se a potência de convocar extraordinariamente a Assembleia da República para se ocupar de assuntos específicos (artigo 133º/c), de dirigir mensagens tanto à Assembleia da República (artigo 133º/d, primeira parte) quanto às assembleias legislativas (artigo 133º/d, segunda parte); submeter a referendo, mediante proposta da Assembleia da República ou do governo, questões de relevante interesse nacional em matéria das respectivas competências (artigo 134º/e, primeira parte,

---

[155] CANOTILHO; MOREIRA, 2014, p. 379.
[156] CANOTILHO; MOREIRA, 2014, p. 337.
[157] CANOTILHO; MOREIRA, 2014, p. 336.

e artigo 115º), ou à instituição em concreto das regiões administrativas (artigo 134º/c, terceira parte, artigo 256º e artigo 115º). Além disso, enquadra-se também nessa classificação o poder de solicitar ao Conselho de Estado que se pronuncie sobre quaisquer atos compreendidos no exercício das suas funções (artigo 145º/e).[158]

Os poderes atinentes à integração de procedimentos, agora no âmbito de funções materiais, agrupam, por exemplo, a promulgação de leis, de decretos-lei e decretos regulamentares (artigo 134º/b, primeira parte); decidem sobre a promulgação de leis, quando, depois de o Tribunal Constitucional se ter pronunciado pela inconstitucionalidade, a Assembleia da República as venha a confirmar por maioria de dois terços dos deputados presentes, desde que superior à maioria absoluta dos deputados em efetividade de funções (artigo 279º/2); ratificam os tratados internacionais, depois de devidamente aprovados (artigo 135º/b e artigo 279º, nº 4), e promulgam as leis de revisão constitucional (artigo 134º/c e artigo 286º, nº 3).

Ainda no âmbito de funções materiais, os poderes de controle e fiscalização compreendem atos como a requisição, ao Tribunal Constitucional, pela apreciação preventiva da constitucionalidade de normas constantes e decretos para serem promulgados como leis ou como decretos-lei e de normas constantes de convenções internacionais (artigo 134º/g e artigo 278º). Além desse, o exercício do veto político sobre decreto ou decretos-lei mediante mensagem fundamentada à Assembleia da República, ou a comunicação por escrito ao governo consoante os casos (artigo 136º); ou ainda requerer ao tribunal constitucional a declaração de inconstitucionalidade ou ilegalidade de qualquer norma jurídica (artigo 134º/h, primeira parte, e artigo 281º/2).[159]

Ademais, na mesma seara de funções materiais, temos aquelas relativas a pessoas, que englobam o indulto e a comutação de penas depois de ser ouvido o governo (artigo 134º/b) e a conferência de condecorações, nos termos da lei, bem como o exercício da função de grão-mestre das ordens honoríficas portuguesas (artigo 134º/i).

Por fim, a última subdivisão de funções materiais são os poderes em emergência grave ou exceção. Nesse âmago são encontradas disposições como o pronunciamento sobre todas as emergências graves para a vida da República (artigo 134/e), a declaração de Estado de Sítio ou de

---

[158] CANOTILHO; MOREIRA, 2014, p. 337.
[159] CANOTILHO; MOREIRA, 2014, p. 337.

Estado de Emergência, que precede audição do governo e a autorização da Assembleia da República, ou, quando esta não estiver reunida nem for possível a reunião imediata, da sua Comissão Permanente (artigo 134º/d, artigo 138º e artigo 19º).

Diante de uma presidência com tantas funções, o legislador constituinte entendeu por bem limitar a reeleição e evitar uma permanência demasiada longa no cargo.[160] [161] Isso foi feito proibindo a reeleição para um terceiro mandato presidencial consecutivo e mesmo a reeleição no quinquênio imediatamente subsequente (artigo 123º e 123º nº 1).

Até este ponto, foram expostos como se dá a eleição do presidente, em que momento ele é investido no cargo, quais são as características inerentes ao exercício da presidência, a classificação dos poderes do presidente e os inúmeros exemplos de cada uma das categorias. Agora serão apresentados os meios pelos quais o mandato presidencial se encerra.

Há duas maneiras previstas na Constituição de encerramento do mandato presidencial: a posse de novo presidente eleito e a vacância do cargo.[162] A primeira ocorrerá geralmente no prazo de cinco anos contados a partir do início do mandato do presidente cessante. Contudo, excepcionalmente, o mandato presidencial poderá ser dilatado, de tal forma que ultrapasse o termo original fixado. Essa situação foi prevista no artigo 125º/3 da Constituição, que visou evitar a conjugação ou a proximidade de eleições presidenciais e parlamentares, sendo obrigatório um intervalo mínimo de 90 entre as duas.[163] De qualquer maneira, dilatado ou não, o mandato presidencial se encerrará com a posse do novo presidente eleito.

A vagatura, por sua vez, pode ser declarada quando houver morte ou impossibilidade física permanente do presidente da República (artigo 223º/2, alínea "a"), renúncia (artigo 131º), perda do cargo por ausência ilegítima (artigo 129/3) e destituição por crime de responsabilidade (artigo 130º/3). É importante ressaltar que somente a renúncia possui eficácia automática; nos outros casos, é necessário haver verificação prévia pelo Tribunal Constitucional para que sejam conferidos os efeitos da vagatura.[164]

---

[160] CANOTILHO, 2003, p. 151.
[161] SILVA, 2016, p. 201.
[162] CANOTILHO; MOREIRA, 2014, p. 157.
[163] CANOTILHO; MOREIRA, 2014, p. 157.
[164] CANOTILHO; MOREIRA, 2014, p. 167.

Como quaisquer outros fenômenos naturais, para que a morte ou a impossibilidade física permanente gerem efeitos no mundo jurídico, é necessário que haja uma tradução pelo ordenamento jurídico dos fatos naturais. Nesses casos, a dita tradução é feita por parecer obrigatório do Tribunal Constitucional (artigo 223º/2 alínea a). Caso o parecer seja positivo, será dada a procedência à vagatura.

A renúncia, por seu turno, já identificada como uma faculdade presidencial pela própria Constituição, é feita por meio de uma mensagem dirigida à Assembleia da República (artigo 131º/1). A renúncia é um ato livre por ser decidida somente pelo presidente da República, independe de qualquer limitação temporal ou circunstancial e não se condiciona à decisão de outros órgãos, sendo impossível sua retratação ou revogação.[165] A renúncia se torna efetiva quando a assembleia toma ciência da mensagem a ela enviada (artigo 131º/2).

À exceção de quando estiver de passagem, em trânsito ou em viagem sem caráter oficial de duração não superior a cinco dias, é necessário que o presidente da República peça à Assembleia da República, ou à sua Comissão Permanente, caso aquela não esteja em funcionamento, o consentimento para ausentar-se do território nacional (artigo 129º/1 e 2). A inobservância desses dispositivos gera, de pleno direito, a perda do cargo (artigo 129º/3). Essa consequência é derivada da Constituição, mas deve ser verificada pelo Tribunal Constitucional (artigo 223º/2, alínea "b") mediante requerimento do presidente da Assembleia da República.[166]

Por fim, quanto à responsabilidade criminal do presidente da República, esta pode ser relativa a crimes praticado no exercício das funções presidenciais ou fora delas. Se for o primeiro caso, o presidente será julgado perante o Supremo Tribunal de Justiça (artigo 130º/1), cabendo a iniciativa do processo à Assembleia da República, mediante proposta de um quinto e deliberação aprovada por maioria de dois terços dos deputados (artigo 130º/2). Se desse processo resultar a condenação do presidente, este será destituído do cargo (artigo 130º/3). O Tribunal Constitucional, nesse caso, verificará apenas pressupostos formais do processo e, caso não haja irregularidades, verificará, em

---

[165] MIRANDA; MEDEIROS, 2006, p. 371.
[166] CANOTILHO, MOREIRA, 2014, p. 169.

decisão meramente declarativa, a perda do cargo e a impossibilidade de reeleição (artigo 223º/2, alínea "b").[167]

A renúncia, a ausência ilegítima e a responsabilidade criminal geram também a impossibilidade de reeleição, no que se refere à eleição subsequente. Nos casos da renúncia e de responsabilidade criminal, a Constituição é expressa nos artigos 123º/2 e 130º/2 sobre a proibição de reeleição nessas situações. Já no caso de ausência ilegítima, argumenta-se, por meio de raciocínio analógico, que a penalidade da renúncia deve ser a mesma a ser aplicada, tendo em mente que a renúncia é ato lícito e provoca a inelegibilidade; logo, à ausência não autorizada, que é ato ilícito, também deveria ser imposta uma sanção.[168]

Nos casos de vagatura descritos antes, o titular fica privado do cargo. Há situações, porém, em que o titular mantém o cargo, embora não mantenha o exercício regular e efetivo das funções. A esses casos a Constituição portuguesa denominou impedimento temporário, e se enquadram nessa hipótese doenças ou acidentes e a acusação de crime de responsabilidade.

Seja nas hipóteses de impedimento temporário, seja de vagatura do cargo, assume interinamente a presidência da República ou o presidente da assembleia, ou seu substituto, caso aquele esteja impedido (artigo 132º/1). Esse dispositivo evidencia que Portugal não possui um vice-presidente, o que comumente acontece em países semipresidencialistas, de modo que cabe ao presidente da assembleia substituir o presidente. Essa escolha se justifica por ser a assembleia outro órgão de soberania baseado diretamente no sufrágio universal.[169]

2.2.2.2 Poderes do governo

O governo português, enquanto órgão de soberania, é o responsável pela condução da política geral do país e o órgão hierarquicamente superior da Administração Pública (artigo 182º). A doutrina entende que, ao se referir à "política geral", a Constituição engloba tanto a política

---

[167] MIRANDA; MEDEIROS, 2006, p. 367.
[168] "Mal se compreenderia que a renúncia, que é acto lícito, provocasse inelegibilidade, e não a ausência não autorizada, que é acto ilícito. A não ser assim, poderia abrir-se a porta a uma fraude à Constituição: o presidente, em vez de renunciar, cessaria o exercício das suas funções, beneficiando até da infracção" (MIRANDA; MEDEIROS, 2006, p. 364).
[169] MIRANDA; MEDEIROS, 2006, p. 375.

interna quanto a externa, e que o ato de governar não compadece de fracionamentos ou compartimentações.[170]

A condução política do país é a faceta da função presidencial correspondente à direção materialmente política, isto é, à seleção, à individualização e à graduação dos interesses públicos em concordância com as imposições constitucionais.[171]

O governo é composto pelo primeiro-ministro, pelos ministros, secretários e subsecretários de Estado (artigo 183º/1). Pela própria composição do governo, fica evidente a sua colegialidade, visto que ele é formado por uma pluralidade de órgãos, e sua complexidade, visto que, para exercer suas competências, ele se desdobra em diferentes órgãos.

Há a possibilidade de inclusão de um ou mais vice-primeiros-ministros no governo (artigo 183º/2). Assim como o número de ministérios, secretarias e subsecretarias são propostas feitas pelo primeiro-ministro ao presidente na estruturação de seu governo, também a presença e o número de vice-primeiros-ministros o são. A Constituição portuguesa define apenas as categorias de membros do governo, mas não a sua formação.[172]

Ademais, o número, a designação e as atribuições dos ministérios e secretarias de Estado, bem como as formas de coordenação entre eles, serão determinados, consoante os casos, pelos decretos de nomeação dos respectivos titulares ou por decreto-lei (artigo 183º/3). Essas características dependem fundamentalmente do primeiro-ministro, ao qual compete propô-los ao presidente da República.[173]

O primeiro-ministro, por sua vez, é nomeado pelo presidente da República após ouvir os partidos representados na Assembleia da República e levar em consideração os resultados eleitorais (artigo 187º/1). Esse ato de nomear o chefe de governo é próprio do presidente de República, praticado no exercício de uma competência pessoal.[174]

Apesar de próprio, o ato não é totalmente desvinculado do ponto de vista jurídico-constitucional, uma vez que a escolha deve se pautar na composição política da Assembleia da República. Essa obrigação imposta ao chefe de Estado não se confunde com a necessidade de nomear o

---

[170] MIRANDA; MEDEIROS, 2006, p. 630.
[171] MIRANDA; MEDEIROS, 2006, p. 414.
[172] CANOTILHO, MOREIRA, 2014, p. 419.
[173] CANOTILHO, MOREIRA, 2014, p. 419.
[174] CANOTILHO, MOREIRA, 2014, p. 434.

líder do partido ou da coligação com mais assentos na casa.[175] Contudo, o que a prática política portuguesa tem mostrado é uma regra informal de nomear o indicado pela maior coligação, pois, como a subsistência do governo depende do Parlamento – ao apreciar o respectivo programa e ao responsabilizar politicamente uma vez entrado em funções –, de nada adiantará ao presidente da República nomear um governo que não tenha o assentimento parlamentar, ou, mais rigorosamente, que tenha a oposição/rejeição de uma maioria parlamentar.[176]

As funções do primeiro-ministro iniciam-se com a sua posse (artigo 186º/1, primeira parte). Uma vez investido no seu papel de *formateur*, o primeiro-ministro propõe uma estrutura governamental ao presidente, que vai nomeá-los (artigo 187º/2).[177] O presidente pode recusar-se a nomear os nomes propostos pelo primeiro-ministro, mas não pode nomear à revelia da proposta dele.[178] Assim, o primeiro-ministro escolhe os nomes para ocuparem o governo pensando tanto na aprovação perante o presidente da República quanto na responsabilidade que o membro do governo terá perante o próprio chefe de governo, conforme está previsto no artigo 191º/2, primeira parte.

Assim como o primeiro-ministro, os demais membros do governo iniciam suas funções com a posse (artigo 186º/2). Perceba-se que a própria Constituição portuguesa distingue a nomeação e a posse. A primeira é um ato designativo e a segunda um ato de investidura.[179] Isso importa pois a responsabilidade política de cada um dos membros do governo só se inicia com a posse.

O primeiro-ministro, os vice-primeiros-ministros, caso haja, e os ministros formam o Conselho de Ministros (artigo 184º/1). A este compete definir as linhas gerais da política governamental, bem como as da sua execução; deliberar sobre o pedido de confiança à Assembleia da República; aprovar as propostas de lei e de resolução; aprovar os decretos-leis, bem como os acordos internacionais não submetidos à Assembleia da República; aprovar os planos; aprovar os atos do governo que envolvam aumento ou diminuição das receitas ou despesas públicas; deliberar sobre outros assuntos da competência do governo que

---

[175] SILVA, 2016, p. 239.
[176] NOVAIS, 2021, p. 195.
[177] FERNANDES; JALADI, 2018, p. 263.
[178] CANOTILHO, MOREIRA, 2014, p. 436.
[179] MIRANDA; MEDEIROS, 2006, p. 644.

lhe sejam atribuídos por lei, apresentados pelo primeiro-ministro ou por qualquer ministro (artigo 200º/1, dos incisos a ao g).

Após a formação do Conselho de Ministros, há, com a participação deste, a elaboração do programa de governo.[180] Este é um documento em que constam as principais orientações políticas e medidas a adotar ou a propor nos diversos domínios da atividade governamental (artigo 188º). O programa de governo é um pressuposto constitucional necessário de qualquer governo[181] e deve ser submetido à apreciação da Assembleia da República por meio de uma declaração do primeiro-ministro, no prazo máximo de 10 dias da sua nomeação (artigo 192º/1).

A apreciação do programa de governo é necessariamente feita pela totalidade da Assembleia da República, o que implica que não possa ser feita pela Comissão Permanente. Dessa maneira, caso a assembleia não esteja em funcionamento efetivo, o presidente deste órgão de soberania obrigatoriamente deverá convocá-lo a se reunir (artigo 192º/2). Para que seja rejeitado, o programa de governo exige maioria absoluta dos deputados em efetividade de funções (artigo 192º/4). A rejeição o programa implica a demissão do governo (artigo 195º/1, alínea "d") e o consequente reinício do processo de formação do governo.[182] A sua aprovação implica o começo da solidariedade ministerial, isto é, os membros do governo ficam vinculados ao programa de governo e às deliberações tomadas em Conselho de Ministros (artigo 189º).

Além disso, o programa é de suma importância também para a verificação da responsabilidade política do governo, tendo em vista que a assembleia pode votar moções de censura ao governo com fulcro na execução de seu programa (artigo 194º/1, primeira parte).[183]

Ademais, a competência constitucional do governo fora dividida em três blocos, a política, a legislativa e a administrativa, conforme se vê nos artigos 197, 198 e 199 da Constituição.

A competência política diz respeito à condição institucional dada ao governo de, dentro das liberdades de ação garantida pela Constituição, escolher os programas e políticas públicos que serão adotadas pelo Estado.[184] Nesse sentido, o artigo 197 reforça a construção do princípio da imodificabilidade e intransmissibilidade ao fixar

---

[180] MIRANDA; MEDEIROS, 2006, p. 649.
[181] CANOTILHO, MOREIRA, 2014, p. 439.
[182] FERNANDES; JALADI, 2018, p. 263.
[183] MIRANDA; MEDEIROS, 2006, p.653.
[184] MIRANDA; MEDEIROS, 2006, p. 680.

parâmetros concretos de atuação governamental,[185] ainda que o rol que o artigo descreve seja meramente exemplificativo, e não taxativo.

Neste rol, consta a competência do governo para referendar atos do presidente da República que constam no artigo 140º/1. Parte destes atos implicam a afirmação de certa solidariedade institucional relevante no plano do interesse superior do Estado, como a nomeação e exoneração dos representantes da República para as regiões autônomas. Outra parte desses atos se referem apenas à parte processual ou procedimental, sem a qual eles não teriam eficácia. Enquadram-se no quadro esboçado a nomeação e a exoneração do presidente do Tribunal de Contas, a assinatura das resoluções da Assembleia da República, dentre outros.[186]

Ademais, compete ao governo também negociar e ajustar convenções internacionais; aprovar os acordos internacionais cuja aprovação não seja da competência da Assembleia da República ou que a esta não tenham sido submetidos; apresentar propostas de lei e de resolução à Assembleia da República; propor ao presidente da República a sujeição a referendo de questões de relevante interesse nacional, nos termos do artigo 115º; pronunciar-se sobre a declaração do Estado de Sítio ou do Estado de Emergência; propor ao presidente da República a declaração da guerra ou a feitura da paz; apresentar à Assembleia da República, nos termos da alínea "d" do artigo 162 o, as contas do Estado e das demais entidades públicas que a lei determinar; apresentar, em tempo útil, à Assembleia da República, para efeitos do disposto na alínea "n" do artigo 161 o e na alínea "f" do artigo 163º, informação referente ao processo de construção da União Europeia; praticar os demais atos que lhe sejam cometidos pela Constituição ou pela lei.

Já a competência Legislativa, expressa no artigo 198º, não diz respeito, como se poderia pensar, a matérias reservadas à iniciativa do governo. Na realidade, essa competência diz respeito à produção de atos normativos válidos e eficazes de forma concorrente com o Legislativo, limitado pela reserva parlamentar.[187]

Em outras palavras, o governo possui uma competência genérica para legislar em todas as matérias não constitucionalmente reservadas.[188]

---

[185] OTERO, 1995, p. 714.
[186] MIRANDA; MEDEIROS, 2006, p. 683.
[187] PORTUGAL, 1985.
[188] MIRANDA; MEDEIROS, 2014, p. 694.

Nesse diapasão, a Constituição estatui que compete ao governo fazer decretos-leis em matérias não reservadas à Assembleia da República (artigo 198º/1, alínea "a").

Além disso, a Constituição permite, no artigo 198º/1, alínea "b", que a Assembleia da República autorize o governo a editar decretos-leis sobre algumas matérias que lhes seriam próprias, especificamente aquelas enunciadas no artigo 165º.[189] Estes decretos-leis não podem ultrapassar o limite da autorização na qual se baseiam e só podem ser alterados se houver autorização da assembleia para um novo decreto-lei.

Por fim, o artigo 198º/1, alínea "c", da Constituição portuguesa garante ao governo a possibilidade de fazer decretos-leis de desenvolvimento de princípios ou das bases gerais dos regimes jurídicos contidos em leis que a eles se circunscrevem.[190] Estes decretos especiais só podem ser elaborados quando a Assembleia da República emitir uma lei de base, ou quando o governo emitir um decreto-lei de base.[191] Uma lei ou decreto-lei só serão considerados de base quando se autointitularem assim, ou quando, materialmente, só dispuserem de bases gerais do novo regime jurídico que implantarão.[192]

Por último, a Constituição ainda prevê, no artigo 199º, a competência administrativa do governo, que reflete o entendimento do artigo 182º, no qual se vê que o governo é o órgão superior da Administração Pública. Canotilho e Vital identificam que o catálogo das funções administrativas abrange: medidas de administração coativa; medidas conformadoras e planificantes; medidas financeiras; medidas de prestação e direção de natureza econômica e social; medidas de direção, fiscalização e tutela e medidas normativas regulamentares.

As medidas de administração coativa englobam: a direção dos serviços e da atividade da Administração Direta do Estado, civil e militar, superintendência na Administração Indireta e exercício da tutela sobre esta e sobre a Administração Autônoma; a defesa da legalidade democrática, prevista nos artigos 199º, alíneas "d" e "f". As medidas conformadoras e planificantes correspondem à elaboração de planos, com base nas leis das respectivas grandes opções, e sua respectiva execução (artigo 199º/a).

---

[189] CANOTILHO, MOREIRA, 2014, p. 480.
[190] MIRANDA; MEDEIROS, 2006, p. 696.
[191] CANOTILHO, MOREIRA, 2014, p. 482.
[192] CANOTILHO, MOREIRA, 2014, p. 481.

Já as medidas financeiras dizem respeito à obrigação do governo de executar o orçamento do Estado (artigo 199º/b). Segundo Jorge Miranda, essa é uma consequência orgânica da posição institucional do governo enquanto órgão máximo da Administração Pública.[193] Já as medidas de prestação e direção de natureza econômica e social correspondem à prática de todos os atos e a tomada de todas as providências necessárias à promoção do desenvolvimento econômico-social e à satisfação das necessidades coletivas (artigo 199º/g).

Por fim, as medidas de direção, fiscalização e tutela e as medidas normativas regulamentares concernem respectivamente à já mencionada alínea "a" e à prática de todos os atos exigidos pela lei respeitantes aos funcionários e agentes do Estado e de outras pessoas coletivas públicas (artigo 199º/e).

2.2.2.3 Interfaces entre os poderes

Os pontos até aqui elencados foram fundamentais para compreendermos individualmente o papel do governo e do presidente enquanto órgãos de soberania. Neste tópico, serão apresentados alguns pontos de contato entre as instituições, de tal forma a elucidar a dinâmica do sistema de governo semipresidencialista em Portugal.

O primeiro ponto de contato a ser desenvolvido é a contra-assinatura governamental, necessária para dar eficácia a determinados atos do presidente da República. A esse fenômeno a Constituição dá o nome de referenda ministerial, a qual encontra azo no artigo 140º da carta política, como já esboçado na explicação da competência política do governo.

A referenda, pelo seu caráter formal, implica uma pluralidade de sujeitos: o referendante, governo, e referendado, presidente da República. A natureza do ato pode ser determinada teoricamente quer como um ato complexo quer como um ato processual. Se for complexo, então a assinatura do presidente e do referendo governamental seriam manifestações de poderes com igual valor (ato complexo igual) ou de poderes desiguais (ato complexo assimétrico ou desigual). Se for um ato processual, então existe um complexo de atos subjetivos, funcionalmente

---

[193] MIRANDA; MEDEIROS, 2006, p. 722.

heterogêneos e autônomos destinados a produzir efeitos jurídica e constitucionalmente previstos.[194]

É necessário salientar que a referenda não é uma exigência constitucional em relação a todos os atos presidenciais, mas que há, na realidade, uma enumeração taxativa dos atos que dela necessitam. Essa necessidade parcial de referenda dos atos presidenciais é uma característica do sistema de governo misto português que busca evitar a dominância presidencial na política e, ao mesmo tempo, que revela um espaço próprio de atuação do presidente, que é livre da referenda.[195]

A recusa de referenda de ato do presidente da República constitui uma importante limitação aos poderes do presidente e pode ser encarada como um direito de veto sobre as decisões do chefe de Estado. Isso porque, nos casos de recusa, o presidente não possui meios constitucionais hábeis que permitam a superação da questão.

O segundo ponto de contato entre o presidente e o governo diz respeito à demissão do segundo pelo primeiro. Originalmente, a Constituição portuguesa de 1976 previa a dupla responsabilidade política do governo, sendo facultado tanto à assembleia quanto ao presidente exercer juízo político e demitir ou não o governo. Contudo, em 1982, houve uma importante alteração na Constituição que limitou a responsabilidade política do governo somente perante a assembleia (artigo 191º/1). Essa alteração retirou do presidente a faculdade de exercer juízo político sobre o governo e destituí-lo discricionariamente, leia-se: retirou a responsabilidade política do governo perante o presidente.

Embora tenha desaparecido a responsabilidade política do governo perante o presidente, a Constituição continua prevendo certa responsabilidade daquele perante este. Isso porque a carta constitucional diz expressamente que o governo responde perante o presidente da República e a assembleia (artigo 190º), e atribui ao primeiro-ministro a competência, tida como obrigação, de informar o presidente da República sobre assuntos relativos à condução da política interna e externa do país (artigo 201º/1, alínea "c").

Essa responsabilidade do governo perante o presidente, chamada pela doutrina de responsabilidade institucional,[196] [197] também é expressa

---

[194] CANOTILHO, MOREIRA, 2014, p. 216.
[195] CANOTILHO, MOREIRA, 2014, p. 217.
[196] NOVAIS, 2021, p. 252.
[197] MIRANDA; MEDEIROS, 2006, p. 659.

no artigo 195º/2, que prevê a possibilidade de o presidente destituir o governo quando tal se revelar necessário para assegurar o normal funcionamento das instituições democráticas, sendo necessário ouvir o Conselho de Estado. Repare-se que a competência para demissão do governo não é discricionária e está vinculada à existência de pressupostos fáticos, situações em que as instituições democráticas não estejam funcionando normalmente, e jurídicos, parecer do Conselho de Estado.

Dessa forma, classificava-se o sistema de governo português, entre 1976 e 1982, como semipresidencialista, na modalidade *president-parliamentary*. Após 1982, ele passa a ser *premier-presidential*, visto que o presidente podia exercer juízo político e destituir discricionariamente o governo e, após a mudança, deixou de poder.[198]

O terceiro e quarto pontos que se destacam, nesta seção, dizem respeito à relação entre o governo e a assembleia, e ambos dizem respeito à responsabilidade daquele perante esta.

Primeiramente, a Constituição portuguesa deixa claro que o governo é politicamente responsável perante a assembleia. Essa responsabilidade é manifestada em três momentos distintos: na apreciação do programa de governo, no eventual pedido de confiança e na possibilidade de destituição do governo pelo parlamento.

O programa de governo deve ser apresentado à Assembleia da República por meio de uma declaração do primeiro-ministro, no prazo máximo de 10 dias após sua nomeação (artigo 192º). O programa apresentado não é votado; ele passa por um juízo negativo: caso não seja apresentada uma moção de rejeição que seja aprovada por maioria absoluta dos deputados em efetividade de funções, ou uma moção de confiança, de iniciativa do próprio governo, que seja rejeitada, o programa será aprovado.[199]

Após a aprovação do programa, a responsabilidade política do governo perante a assembleia pode se manifestar tanto na solicitação de voto de confiança quanto na apresentação de moções de censura.

No primeiro caso, o governo pode solicitar à Assembleia da República a aprovação de um voto de confiança sobre uma declaração de política geral ou sobre qualquer assunto relevante de interesse social (artigo 193º). É necessário que o governo, ao solicitar o voto de

---

[198] Essa categorização é detalhada no tópico 3.3.2 deste trabalho.
[199] CANOTILHO, MOREIRA, 2014, p. 452.

confiança, indique seu objeto, que é o assunto ou a declaração sobre a qual é pedida a confiança da assembleia.²⁰⁰

Os resultados da votação de confiança só podem ser dois: a aprovação e a rejeição. Esta ocorrerá quando houver mais votos contra a votação da confiança do que a favor, incluindo-se aqui o caso de empate, e aquela ocorrerá na situação oposta, mais votos a favor do que contrários à proposta. Ocorrendo a rejeição da votação de confiança, o governo é imediatamente demitido nos termos do artigo 195º/1, alínea "e".

No segundo caso, a apresentação de moções de censura é de iniciativa parlamentar e constitui um verdadeiro poder de demissão do governo, uma vez que a aprovação da moção de censura, quando por maioria qualificada, implica a demissão do gabinete (artigo 195º/1, alínea "f").²⁰¹

A moção de censura deve possuir objeto, ou a execução do programa do governo ou assunto relevante de interesse nacional, e fundamentação da moção, não sendo admissível moção de censura em branco²⁰² (artigo 194º/1). Ademais, a moção de censura deve ser de iniciativa de pelo menos um quarto dos deputados em efetividade de funções ou de qualquer grupo parlamentar (artigo 194º/1); a apreciação de tal moção não pode exceder três dias de debate (artigo 194º/2); há a exigência de maioria qualificada para a sua aprovação (artigo 195º/1, alínea "f"). Por fim, quando um grupo de parlamentares apresenta uma moção e esta não é aceita, opera-se um efeito preclusivo do poder de apresentar outra moção na mesma legislatura (artigo 194º/3).

É importante salientar a diferença dos quóruns de aprovação da moção de confiança, aprovada por maioria simples, e da moção de censura, aprovada por maioria qualificada. Esta é uma configuração constitucional que dificulta a aprovação de medidas contrárias ao governo politicamente responsável perante a assembleia, e que visa salvaguardar a estabilidade política do país.²⁰³

Por fim, resta-nos analisar algumas facetas da interação de poderes entre a presidência e a assembleia. Inicialmente, é importante ressaltar a especificidade dessa relação tendo em vista que esta é politicamente unidirecional. Isto é, o presidente pode exercer juízo político

---

²⁰⁰ CANOTILHO, MOREIRA, 2014 p. 455.
²⁰¹ CANOTILHO, MOREIRA, 2014, p. 458.
²⁰² MIRANDA; MEDEIROS, 2006, p. 669.
²⁰³ CANOTILHO, MOREIRA, 2014, p. 667.

para dissolver, ou não, a Assembleia da República, mas esta não tem poderes constitucionais para destituir o presidente.

Ora, disciplinada no 133º, alínea "e", está a competência do presidente de dissolver a Assembleia da República. Esse é um poder próprio e exclusivo do presidente, que não necessita de referenda governamental. É também um ato cujo mérito e legitimidade políticas só podem ser apreciados pelo presidente, não havendo quaisquer limites ou condicionamentos materiais previstos na Constituição para o exercício.[204] Os limites e condições impostos pela Constituição são apenas de natureza circunstancial ou temporária: o presidente da República só não pode dissolver a Assembleia da República durante um Estado de Sítio ou Emergência, ou após a iniciativa de processo por crime de responsabilidade até a decisão do Supremo Tribunal de Justiça (artigo 130º), em termos temporais; só não pode dissolvê-la nos primeiros seis meses após a eleição do Parlamento e nos últimos seis meses do mandato presidencial.

Ademais, a Constituição prevê que sejam ouvidos os partidos políticos representados na Assembleia e o Conselho de Estado (artigo 133º/e) antes da dissolução. Isto não implica nenhuma vinculação aos pareceres dados por esses órgãos; é tão somente uma etapa a ser cumprida no *iter* do juízo presidencial. Por essa ausência de vinculações jurídicas, restando apenas o juízo de conveniência e oportunidade política de fazê-lo, juristas aproximam essa figura, essa dissolução da "dissolução real", presente em monarquias dualistas e transferida para regimes republicanos mistos.[205]

O caminho inverso, de responsabilidade do presidente perante a assembleia, não existe em Portugal. Isso porque o presidente não é politicamente responsável perante nenhum órgão, estando fora das hipóteses de destituição, deposição ou de revogação de mandato presente em outros países. Mesmo que o presidente não cumpra os deveres a que está obrigado, só há previsão de uma resposta institucional caso esse descumprimento corresponda a um crime.[206] Nesses casos, a Assembleia da República será responsável por iniciar o processo de responsabilização mediante proposta de um quinto dos deputados e deliberação aprovada por maioria de dois terços deles em efetividade

---

[204] NOVAIS, 2021, p. 274.
[205] CANOTILHO, MOREIRA, 2014, p. 184.
[206] NOVAIS, 2021, p. 331.

de funções (artigo 130º/1). Caso seja confirmada a denúncia contra o presidente, o julgamento ficará a cargo do Supremo Tribunal de Justiça.

É imperativo reconhecer que, apesar de existir a possibilidade de destituição do presidente, esta não possui contornos políticos. O julgamento é, sobretudo, criminal, trazendo consigo todos os contornos que isso implica – presunção de inocência, contraditório e ampla defesa, inadmissibilidade de provas ilícitas etc.

2.2.3 Histórico recente

Este tópico será elaborado a partir da avaliação das interações entre os poderes Legislativo e Executivo durante a presidência de Cavaco Silva até a atualidade. Esse período, que vai de 2011 a 2021, foi selecionado por ser capaz de exemplificar todas as tensões e a flexibilidade institucional que a Constituição portuguesa prevê no trato horizontal entre os poderes.

Cavaco Silva, político português experiente, foi eleito presidente em 2006, com uma plataforma eleitoral centrista. Ele herdou a configuração governamental da presidência anterior, que tinha José Sócrates, do Partido Socialista, como primeiro-ministro.

Os primeiros anos dessa conformação de governo e presidência foram relativamente calmos, sem distúrbios políticos. Essa situação mudou drasticamente com o avançar dos anos e a situação econômica desfavorável, muito relacionada com a crise do *subprime* americano, em 2008, que afetou os mercados internacionais.

Com a crise se agravando e a proximidade das eleições legislativas, houve a expectativa de que o Partido Socialista pudesse sofrer baixas expressivas, de tal forma a impedir a sustentação política do governo. Essa expectativa não foi confirmada e as urnas garantiram a posição de maior partido da Assembleia ao Partido Socialista. Dessa forma, o primeiro-ministro, José Sócrates, foi reempossado no cargo para cumprir mais quatro anos de mandato.

O endividamento público de Portugal, que já estava em tendência de alta, teve forte aumento,[207] e o Produto Interno Bruto, forte queda,[208] o que fez com que a relação dívida-PIB chegasse a 114%. Acresça-se a

---
[207] GOVERNMENT..., [2022].
[208] GDP, [2019].

isso que o endividamento externo de Portugal estava em uma crescente que agravava ainda mais a situação econômico-financeira.

Diante desse cenário, o governo emplacou diversas medidas de austeridade fiscal, sendo as principais delas os Programas de Estabilidade e Crescimento (PECs). Estes programas previam desde diminuição de gastos obrigatórios a aumento de impostos e revisões orçamentárias. O quarto Programa de Estabilidade e Crescimento (PEC IV) foi apresentado à Assembleia da República e posteriormente rechaçado por partidos tanto de direita quanto de esquerda.

Sentindo a perda de apoio político no parlamento, ainda que não houvesse sido manifestada nenhuma desconfiança para com o governo, o primeiro-ministro apresentou sua demissão perante o presidente da República no dia 23 de março de 2011, e permaneceu no cargo até o dia 21 de junho de 2011, data da posse do novo governo.

Nesse meio tempo, entre a demissão e a saída efetiva do cargo, ocorreram dois eventos importantes: a dissolução do Parlamento e o pedido de assistência financeira externa.

Após receber a demissão do primeiro-ministro, o presidente Cavaco Silva ouviu o Conselho de Estado e os partidos políticos, e todos, sem exceção, advogaram em favor da dissolução do Parlamento e a chamada de novas eleições. Assim, o chefe de Estado emitiu um decreto,[209] nos termos dos artigos 133º, alínea "e", e 113º/6 da Constituição, dissolvendo a assembleia e chamando novas eleições para o dia 5 de junho de 2011.

Além disso, o governo português assinou um Memorando de Entendimento com o Fundo Monetário Internacional, com a Comissão Europeia e com o Banco Central Europeu, chamados de Troika, visando ao equilíbrio das contas públicas e ao restabelecimento da competitividade da economia portuguesa. Para tanto, foram definidas diversas metas de desinvestimentos, reformas estruturais e privatizações.[210]

Com o advento das eleições, o Partido Social-Democrata se sagrou vencedor, conquistando 108 deputados, e, junto com o partido CDS-PP, que conquistou 24 acentos, formaram uma coligação e patrocinaram Pedro Passos Coelho como novo primeiro-ministro português. Este tinha como metas principais estabilizar as finanças do país e retomar a trajetória de crescimento e empregabilidade do país.

---

[209] PORTUGAL, 2011.
[210] TRADUÇÃO..., 2011.

Seguindo os passos estabelecidos no Memorando de Entendimento com a Troika e tomando medidas de austeridade fiscal, como aumento de impostos e redução drástica das despesas, o governo de Passos Coelho foi responsável por conter o endividamento público e permitir a consolidação fiscal.

Apesar de relativamente benéficas ao país, essas medidas de austeridade não agradaram as camadas populares, e a resposta da população veio no pleito de 2015,[211] quando a coligação do partido de Passos Coelho perdeu o posto de majoritária, embora seu partido tenha continuado a ser o maior da assembleia. Em contrapartida, a coligação de oposição cresceu substancialmente.

Nessa conformação, o primeiro-ministro incumbente foi reempossado no cargo. Como de praxe, enviou seu programa de governo à assembleia para a apreciação. Como o Parlamento era majoritariamente contrário à filosofia de austeridade fiscal e privatizações, foram apresentadas quatro moções de rejeição do programa de governo.

Argumentou-se que o corte nos rendimentos de trabalhadores e pensionistas, a degradação dos serviços públicos, o desinvestimento na Educação e Saúde públicas, os cortes na ciência, a desvalorização salarial, a promoção do trabalho precário e o ataque à Segurança Social tiveram como principal objetivo não a sustentabilidade das contas públicas, mas sim a alteração da relação de forças em Portugal, contra os interesses dos trabalhadores, das famílias, das classes médias e dos mais pobres.[212]

A primeira das moções apresentadas, elaborada pelo Partido Socialista, foi acatada por 123 votos favoráveis a 107 contrários à rejeição.[213] Dessa maneira, com fulcro no artigo 195º/1, alínea "d", da Constituição, o governo de Passos Coelho foi demitido.

Impossibilitado de convocar novas eleições legislativas por estar nos seis últimos meses de seu mandato e por estar dentro dos seis meses iniciais após as eleições legislativas (artigo 172º), o presidente Cavaco Silva, após ouvir os partidos com representação parlamentar, indicou Antônio Costa como primeiro-ministro, iniciando um período de coabitação em Portugal.

---

[211] CABRITA-MENDES, 2018.
[212] GRUPO PARLAMENTAR PARTIDO SOCIALISTA, 2015.
[213] ASSEMBLEIA DA REPÚBLICA, 2015.

Para manter a suas condições políticas, o governo teve de gerir a coalizão política que o embasava, de tal maneira que interesses muito contraditórios tiveram de ser conciliados. Por esse motivo, foi dado ao governo o apelido pejorativo de "Geringonça".[214]

Pouco após o novo governo assumir, eleições presidenciais foram feitas, e desse pleito se sagrou vitorioso Marcelo Rebelo de Sousa, do Partido Social-Democrata. Apesar de ser de um partido de oposição ao governo, que fez continuar a situação de coabitação, o presidente assume com a pauta de trabalhar para Portugal, e não em prol de determinada ideologia.

O primeiro governo de Antônio Costa foi capaz de reunir tanto parte da austeridade fiscal necessária quanto a garantia benefícios e direitos, de tal forma que, na eleição seguinte, em 2019, a coligação de seu partido conseguiu a maioria e, consequentemente, o fez ser reconduzido ao cargo.

O segundo governo de Antônio Costa foi marcado pela continuidade das medidas do primeiro governo. O ponto mais importante do segundo governo para este trabalho foi a apresentação do Orçamento de 2022. Isso porque dois partidos que davam sustentação ao governo sinalizaram que não aprovariam o orçamento previsto para o ano de 2022.

A antecipação do voto desses partidos fez com que o presidente entrasse na cena política defendendo a governabilidade, a tal ponto de expressar que sua posição era simples: "ou se aprova o orçamento, ou dissolverei a Assembleia".[215] Dessa maneira, quando na votação os partidos Comunista e Bloco de Esquerda encaminharam a derrota do orçamento, o presidente, ouvindo os partidos e o Conselho de Estado,[216] prontamente dissolveu a legislatura[217] e antecipou as eleições para o dia 30 de janeiro de 2022.[218]

---

[214] O QUE é..., 2018.
[215] PARLAMENTO..., 2021.
[216] PORTUGAL, 2021b.
[217] PORTUGAL, 2021a.
[218] DEMONY; GONÇALVES, 2021.

2.3 Rússia

2.3.1 História do constitucionalismo russo

Se o constitucionalismo pode ser entendido como o movimento moderno de controle e organização do poder, é comum identificar três estágios do constitucionalismo russo: monárquico, soviético e pós-soviético.

O constitucionalismo monárquico teve suas primeiras sementes plantadas na Rússia no século XVIII. Iniciado pelo governo de Catarina II, a Grande, fortalecido por Alexandre II, na figura de Mikhail Speranski, e encerrado pelo golpe que Nicolau II sofreu, o constitucionalismo monárquico foi eminentemente marcado pelas contradições de se buscar harmonizar um modelo autocrático de governo e liberdades individuais e econômicas.

Com o título de Catarina II, a mãe de todas as Rússias, a imperatriz tentou aperfeiçoar a estrutura burocrática russa ao trazer à Rússia ideais liberais e reformistas.

Sob sua liderança, foi desenvolvido o Nakaz (Instruções de Sua Majestade, a Imperatriz de Todas as Rússias Estabelecidas para Trabalhar para a Execução de um Projeto de um Novo Código de Leis). Neste, ela desenvolve ideias que dialogam com Montesquieu, Beccaria, Adam Smith, dentre outros.

Contudo, ao submeter o Nakaz à Comissão Legislativa, que fora criada pela própria Catarina II para codificar as leis russas, depois de quase 200 sessões com pouco resultado prático, a imperatriz resolveu dissolver a comissão, fazendo com que as reformas e codificações almejadas pela governante fossem adiadas.

Ainda na égide do constitucionalismo monárquico, agora sob o governo de Alexandre I, há a reconhecida importância de Mikhail Speransky. Ele acreditava que uma das principais regras para os governantes é conhecer seu povo e saber o tempo. Esse conhecimento ajudará o governante a implementar reformas constitucionais razoáveis, mantendo a autocracia; e os limites do poder autocrático deveriam ser fixados por ele mesmo, pelos tratados do governo de fora e pela palavra imperial de dentro. De acordo com Speransky, a Constituição Russa seria criada não pelas paixões inflamadas ou circunstâncias extremas, mas pela beneficente inspiração do poder supremo, que, tendo organizado o ser político de seu povo, poderia moldá-lo adequadamente, com todos os meios para isso.

Ademais, Speranksy foi o responsável pela compilação e publicação da "Coleção Completa de Leis do Império Russo", que reuniu em 48 volumes mais de 30.000 "atos legislativos" (*legislative enactments*), tendo como referência inicial a Sobornoe Ulozhenie, de 1649.[219] Essa coleção de leis foi considerada um marco na história legal russa e mundial, sendo estimada por muitos como a maior sistematização legislativa da história até então, muito à frente de tentativas parecidas na Europa continental, na Inglaterra ou nos EUA.[220]

Alguns dos marcos mais importantes para o avanço das liberdades individuais foram a extinção da servidão e a permissão de livre transição no território russo em 1861.[221]

Apesar dos avanços, a monarquia russa só foi efetivamente limitada no Manifesto de Outubro de 1905, quando o czar Nicolau II, junto com seu ministro conselheiro Sergey Yulyevich, publicaram um memorando de intenções prometendo principalmente garantir as liberdades civis e a criação de um corpo legislativo eleito pelo povo, cuja aprovação seria necessária antes da promulgação da legislação.[222]

Então, em 1906, foram publicadas as Leis Fundamentais da Rússia, efetivamente cumprindo a promessa do memorando de intenções e marcando a história como a primeira Constituição russa.

Contudo, os anos seguintes foram particularmente complexos para a política e a vida em sociedade na Rússia. A entrada na Primeira Guerra Mundial, a pressão interna por mudança do regime monárquico, a fome que atingia a Rússia foram alguns dos fatores que fizeram com que, em 1918, uma outra Constituição fosse adotada pelos revoltosos liderados por Lênin. Essa foi a marca definitiva do fim do constitucionalismo monárquico, primeira fase do constitucionalismo russo, e início do constitucionalismo soviético, a segunda fase.

A Constituição de 1918 foi a primeira Constituição da Rússia como uma República Socialista Federativa Soviética. Em termos de produção e distribuição material, esse período se caracterizou pelas seguintes políticas: a nacionalização da indústria pelo Estado Soviético e a introdução de uma gestão centralizada estrita; o racionamento de alimentos por classes; o comércio privado proibido; a provisão da

---

[219] HENDERSON, 2011, p. 142.
[220] WHISEHUNT, 2008.
[221] CHUBAROV, 2001.
[222] OCTOBER..., [2022].

população com alimentos e bens de consumo quase de graça em troca de trabalho (naturalização salarial); o controle rigoroso da quantidade e da produção e a distribuição igualitária; o dinheiro substituído por escambo ("definhamento do dinheiro"); o engajamento de toda a população fisicamente apta no trabalho, com base no recrutamento (a militarização do trabalho).

É importante ressaltar que esse não representa o início da União Soviética. Esta só foi criada quando houve, em 1924, a legitimação do Tratado da Criação da União das Repúblicas Socialistas Soviéticas, que foi assinado em 1922 – ocasião em que se encerrou a Guerra Civil Russa.

A referida legitimação do tratado se deu mediante a incorporação dos termos do tratado ao texto da Constituição de 1924. Ideologicamente, esta nova Constituição seguia a cartilha dos revoltosos bolcheviques e da Constituição anterior, ou seja, seguia os ideais comunistas. Isso se refletia, por exemplo, na declaração inicial, em que se lia que:

> É apenas no campo dos sovietes, apenas nas condições da ditadura do proletariado que agrupou em torno de si a maioria do povo, que foi possível eliminar a opressão das nacionalidades, criar uma atmosfera de confiança mútua e estabelecer as bases de uma colaboração fraterna dos povos.[223]

É importante notar que, apesar de se fundamentar em uma Constituição, o dilema do constitucionalismo, da limitação e da organização do poder, parece ter sido suplantado pela vontade popular. Tal suplantação foi feita seguindo o raciocínio de que o Estado de Direito Constitucional é uma miragem conveniente para a burguesia,[224] em que se suplanta a vontade popular pela vontade da elite sob o argumento de limitação do poder.

No mesmo ano em que houve a promulgação da Constituição, o líder da União Soviética, Vladimir Lenin, morre. Com a sua morte, há a vacância e a consequente disputa pelo poder.

Stálin sagra-se vencedor dessa disputa e inicia uma série de políticas econômicas para a construção do socialismo verdadeiro. A produção tanto rural quanto industrial tiveram seus comandos centralizados no chamado Comitê de Planejamento Estatal, que elaborava uma agenda

---
[223] URSS, [1924].
[224] PACHUKANIS, 2017.

chamada de Plano Quinquenal, o qual consistia, basicamente, num plano de metas de produção para cada entidade produtiva.

A subjugação das etapas produtivas ao Estado ocorreu em paralelo à subjugação do partido à Stalin.[225] Líderes dos partidos foram expurgados mediante julgamentos, acusações e confissões de traição.

Em 1936, justamente com o Grande Terror se intensificando, período em que milhões de pessoas foram aprisionadas, deportadas e executadas pela polícia secreta de Stálin,[226] houve a aprovação de uma nova Constituição soviética. Esta foi celebrada por entusiastas do partido como "a Constituição mais democrática do mundo",[227] uma vez que estipulava eleições livres e secretas baseadas no sufrágio universal, bem como a garantia da cidadania civil.

Na vigência da Constituição soviética de 1936, foi outorgada a Constituição russa de 1937, que basicamente repetia os poderes concedidos pelos soviéticos e tratava da organização interna da Rússia. É importante frisar que, por mais que a história russa e a soviética se misturem, são entidades políticas diferentes.

Na prática, essa Constituição vigorou por 41 anos. Nesse período, como o poder do líder era enorme, alguns argumentam até que ilimitado,[228] não havendo mecanismos reais de controle e separação de poder, muitos classificam o constitucionalismo soviético como constitucionalismo nominal, havendo controle teórico do poder quase não verificado na realidade.[229]

Sob o governo de Leonid Brejnev, floresceu a ideia de reformar o socialismo, uma vez que a sociedade havia evoluído. Havia o entendimento de que, após 60 anos de revolução, não havia mais a ditadura do proletariado, agora havia o "Estado de todo o povo". Por isso, na configuração tópica da nova Constituição outorgada em 1977, os direitos e deveres dos cidadãos vieram antes da organização do Estado.

Na linha ideológica das constituições anteriores, entendeu-se por bem expressar a razão de ser do Estado Soviético: a construção de uma sociedade comunista sem classes, na qual seria desenvolvida a autogestão do partido comunista da sociedade.[230]

---

[225] CURTIS, 1998.
[226] CURTIS, 1998, p. 671.
[227] GETTY, 2017.
[228] SILVA, 2017.
[229] OSIPO; SMORGUNOV, 2018.
[230] URSS, [1977].

Uma mudança fundamental que a Constituição de 1977 trouxe foi o poder-faculdade de secessão dos Estados-membros da União Soviética, declarando-as repúblicas soberanas. Apesar dessa conformação institucional, isso não representou nenhuma mudança na fronteira da URSS.

Com a atualização da Constituição soviética, a Rússia foi pressionada a reformular sua própria Constituição, tendo em vista que os preceitos constitucionais eram espelhados na antiga Constituição soviética de 1936. E assim ocorreu em 1978, quando foi promulgada a última Constituição russa embaixo do domínio soviético.

Em 1991, com o fim da União Soviética, houve também o fim do constitucionalismo soviético, ou constitucionalismo nominal, como já explicado.

As relações entre o Poder Executivo, Legislativo e governo foram, durante todo o período soviético, controladas pelo Partido Comunista. Apesar de maior ou menor grau de independência do Soviete Supremo, órgão representativo da população, em relação ao secretário-geral do Partido, sempre houve a ingerência do líder do governo e chefe de Estado sobre questões legislativas.

A mudança do constitucionalismo soviético para constitucionalismo pós-soviético passa pela capacidade real de controle do poder dos chefes de Estado e de governo. Nesse sentido, a estrutura pensada em 1993 e que data da primeira Constituição russa fora do domínio soviético tentou limitar o poder do Poder Executivo separando-o em dois, valendo-se do sistema de governo semipresidencialista.

2.3.2 Semipresidencialismo: poderes do presidente, poderes do governo e do primeiro-ministro, interface entre os poderes

Como já reiterado neste trabalho, seguimos a definição objetiva de Robert Elgie de semipresidencialismo, sendo este definido como o sistema de governo em que a Constituição prevê a coexistência de um presidente eleito diretamente, com mandato fixo, e um governo exercido por um primeiro-ministro e seu gabinete, coletivamente responsáveis perante a legislatura.[231]

Nesse sentido, avaliando a estrutura de governo russa a partir das previsões constitucionais, somos compelidos a caracterizar o sistema

---
[231] ELGIE, 2018, p. 36.

russo como um sistema semipresidencialista, uma vez que, seguindo o artigo 81, item 1, da Constituição, o presidente da Federação Russa é eleito por sufrágio universal, direto e com voto secreto. Isso faz cumprir o primeiro requisito da definição.

O segundo requisito – responsabilidade do governo perante o Parlamento – pode ser verificado principalmente no artigo 117, item 3, da Constituição, na previsão do voto de desconfiança da Duma em relação ao governo. Mesmo que a decisão final de afastar ou não o primeiro-ministro – em casos de se aprovar um voto de desconfiança – não seja do Parlamento, mas sim do presidente, só o fato de a Duma ser chamada a se manifestar sobre o governo já caracterizaria um grau de responsabilidade parlamentar. Ademais, amplifica-se a responsabilidade no caso de um segundo voto de desconfiança aprovado num intervalo menor de três meses do anterior, o qual compele o presidente a retirar o governo ou dissolver a Duma.

Além disso, pode-se dizer que o governo já é responsável perante o Parlamento no momento de sua escolha, pois a Duma pode rejeitar a indicação do presidente até três vezes, e, caso seja negado pela terceira vez, é necessária a dissolução do parlamento e a chamada de novas eleições.

2.3.2.1 Poderes do presidente

O *status* constitucional do presidente russo está exposto no Capítulo 4, intitulado "O presidente da Federação Russa". Este capítulo engloba os artigos 80 a 93 e esmiúça as competências e poderes do presidente russo.

Logo na primeira disposição do Capítulo, artigo 80, item 1, a Constituição Russa é clara: o presidente da Federação Russa será o chefe de Estado.[232] Essa afirmação principia o sistema de separação entre o chefe de Estado e chefe de governo, que é uma característica do semipresidencialismo, como já exposto.

Além de ser o chefe de Estado, o presidente é o garantidor (гарантом, também traduzido como fiador) da Constituição da Federação Russa, que deve adotar medidas para proteção da integridade e independência do Estado e o funcionamento coordenado dos órgãos do poder estatal. Além disso, o presidente é o determinador das

---

[232] RÚSSIA, [1993].

diretrizes da política interna e externa e o representante da Federação Russa dentro do país e nas relações internacionais (artigo 80, itens 2, 3 e 4).

Qualquer cidadão maior de 35 anos de idade com residência permanente na Rússia poderá se candidatar à presidência por meio de eleições universais, com sufrágio direto e voto secreto (artigo 81 item 1). O presidente será eleito para um mandato de 6 anos, e a mesma pessoa não pode ser eleita presidente por mais de dois mandatos seguidos (artigo 81, item 3). Essas regras, como será visto a seguir, foram modificadas recentemente para favorecer o atual mandatário do poder.

O presidente russo deve também nomear por acordo com a Duma do Estado o primeiro-ministro do governo da Federação Russa. Ademais, competem ao próprio presidente as reuniões do governo da Federação Russa e a decisão sobre a demissão do governo da Federação Russa.

O presidente será o comandante supremo das Forças Armadas da Federação Russa. Em caso de agressão ou de ameaça de agressão, ele introduzirá no território da Federação, ou em suas partes, uma lei marcial, e informará imediatamente o Conselho da Federação e a Duma do Estado sobre isso.

Além disso, o presidente russo pode submeter leis à apreciação da Duma, anunciar eleições para a Duma Estatal, de acordo com a Constituição da Federação Russa e a lei federal; anunciar referendos; apresentar contas à Duma do Estado; assinar e tornar públicas as leis federais; dirigir-se ao Parlamento com mensagens anuais sobre a situação do país, sobre as diretrizes da política interna e externa do Estado (artigo 84, incisos A, D, E e F).

Ademais, ainda incumbe ao presidente russo governar a política externa da Federação Russa; realizar negociações e assinar tratados e acordos internacionais; assinar instrumentos de ratificação; receber credenciais e cartas de revogação de representantes diplomáticos a ele credenciados (artigo 86, incisos A, B, C e D).

Levando-se em conta somente as atribuições até então elencadas – que não representam à exaustão das competências do chefe de Estado na Rússia –, é perceptível que o presidente russo não foi designado para ter um papel meramente simbólico. Antes, possui um papel de suma relevância na ordem constitucional russa. Consoante esse entendimento, Boris Yeltsin indaga: "O que esperar de um país que costumava ter czares e líderes fortes?"[233]

---

[233] MONAGHAN, 2016.

Ao assumir a presidência, o presidente eleito faz um juramento de lealdade ao povo russo, previsto no item 1 do artigo 82, em que replica quase todas as obrigações constantes no artigo 80. Esse juramento não é meramente simbólico, por mais que possa parecer aos olhos do Ocidente.

Quando da ocasião da Primeira Guerra da Chechênia, o presidente Boris Yeltsin enviou, de imediato, tropas para conter o movimento separatista da região. Vários relatos de crimes de guerras foram feitos às autoridades russas, e não demorou muito até que os opositores do presidente peticionassem à Suprema Corte para que esta declarasse a ação militar inconstitucional. Não só a corte declarou a ação constitucional, como também fundamentou que o dever juramentado (*sworn duty*) do presidente residia em garantir a integridade territorial da Rússia.[234] Além disso, a Suprema Corte considerou que o presidente só começava formalmente a exercer seus poderes após o juramento de lealdade (artigo 92, item 1), tendo sido o próprio juramento o marco temporal de mudança do chefe de Estado.

Em adição, no desenho institucional da Constituição, não se inseriu a comum figura do vice-presidente na lista de sucessão do presidente. Isso talvez tenha sido um aprendizado da história recente pré-Constituição, em que o tanto último presidente da União Soviética, Mikhail Gorbachev, quanto o primeiro presidente russo, Boris Yeltsin, tiveram conflitos com os respectivos vices.

No primeiro caso, Gennadii Yanaev, então vice-presidente, se opôs ao posicionamento de Gorbachev na Comissão para o Estado de Emergência; já no segundo caso, Aleksander Rutskoi insuflou diversas insurreições contra o próprio presidente, o qual julgava estar cometendo um "genocídio econômico" ao pautar reformas neoliberais, privatizações e mudanças no Estado.

Nesse sentido, caso o presidente se ausente ou esteja incapaz de cumprir suas funções, elas serão desempenhadas pelo primeiro-ministro, o qual atuará como presidente em exercício. Este, enquanto atuar como presidente em exercício, não poderá dissolver a Duma e nomear referendos, que são poderes atribuídos ao chefe de Estado (artigo 92, item 3).

O presidente da Federação Russa deixará o cargo antes do término de seu mandato quando pedir demissão, estiver incapacitado por motivos de saúde para exercer os poderes que lhe foram conferidos, ou no caso de *impeachment* (artigo 92, item 2). O procedimento

---

[234] HENDERSON, 2011, p. 112.

de *impeachment*, natural em sistemas presidencialistas, é complexo e repleto de formalidades.

O chefe de Estado só pode ser destituído (impedido) pelo Conselho da Federação em decisão embasada nas acusações de alta traição ou crime grave, apresentadas pela Duma e confirmadas pelo Supremo Tribunal da Federação Russa e pelo Tribunal Constitucional da Federação Russa, confirmando que o avanço das acusações seguiu os trâmites legais previstos (artigo 93, item 1). Uma comissão especial da Duma deve ser criada para avaliar os eventuais crimes do presidente, quando da apresentação da conclusão dessa comissão e por iniciativa de um terço dos membros da Duma, será votada a acusação do presidente. Para ser aceita, a acusação deve ser aprovada dois terços da Duma (artigo 93, item 2).

Se a acusação for aprovada, caberá ao Conselho da Federação conduzir o julgamento de *impeachment*. A aprovação do *impeachment* e a seguinte retirada do presidente do cargo ocorrerão se dois terços dos membros da câmara votarem favoravelmente ao afastamento (artigo 92, item 2). A decisão do conselho deve ser tomada na janela de três meses seguindo a aceitação da acusação pela Duma, sob risco de ser rejeitada (artigo 93, item 3).

Se houver o afastamento do presidente pelo processo de *impeachment*, novas eleições serão convocadas no prazo máximo de 3 meses (artigo 92, item 2), período em que o primeiro-ministro assumirá interinamente o posto de chefe de Estado.

2.3.2.2 Poderes do governo

O poder estatal da Federação Russa é exercido pelo presidente, pela Assembleia Nacional, pelo governo e pelas cortes (artigo 11). Nesse sentido, essa parte do texto constitucional trata da Assembleia Nacional e do governo, que são duas instituições habilitadas pela Constituição russa a exercerem poder em seu território.

A Assembleia Nacional é o parlamento da Rússia, o órgão representativo e legislativo do país (artigo 94). Ela é formada por dois órgãos: a Duma e o Conselho de Estado (artigo 95, item 1), mantendo o modelo bicameralista previsto na primeira constituição russa, ainda sob o reinado do czar Nicolau II. A premissa básica do bicameralismo russo é justamente que a Duma represente a população em geral e o Conselho de Estado represente "a voz coletiva das regiões".[235]

A Constituição deixa a cargo de lei federal a formação do Conselho da Federação. Dentro de suas competências estão a aprovação de mudanças nas fronteiras de entes da Federação Russa (artigo 102, item 1, inciso A) e a decisão sobre a possibilidade de usar as Forças Armadas da Rússia fora do próprio território (artigo 102, item 1, inciso D). Além disso, o Conselho de Estado deve dar parecer oficial (consideração obrigatória) sobre as leis adotadas pela Duma que versem sobre as questões de orçamento federal, impostos e taxas, *status* e a proteção da fronteira do Estado, paz e guerra, dentre outros (artigo 106).

A Duma, por sua vez, é formada por 450 deputados eleitos (artigo 95, item 3), dentre os cidadãos com mais de 21 anos de idade e aptos para participar das eleições (artigo 97, item 1). A câmara baixa inicia seus trabalhos 30 dias após as eleições (artigo 99, item 2) e tem a primeira sessão presidida pelo deputado mais velho (artigo 99 item 3).

Dentre os poderes da Duma estão a nomeação e a demissão do presidente do Banco Central (artigo 103, inciso D); a nomeação e a demissão do presidente da Câmara de Contabilidade (artigo 103, inciso E); a proclamação de anistia (artigo 103, inciso G) e a apreciação das contas (artigo 104, item 2).

O poder executivo na Rússia é exercido pelo governo da Federação Russa, que é composto pelo primeiro-ministro (*Chairman of the Government*), pelo vice-primeiro ministro e pelos ministérios (artigo 110, itens 1 e 2).

O governo é responsável por, dentre outras atividades, elaborar e submeter à Duma o orçamento federal e providenciar sua execução (artigo 114, item 1, inciso A); assegurar a implementação de uma política estatal única na esfera da cultura, ciência, educação, proteção da saúde, segurança social e ecologia (artigo 114, item 1, inciso D); realizar medidas para garantir a defesa do país, a segurança do estado e a implementação da política externa da Federação Russa (artigo 114, item 1, inciso F). Além disso, o governo deve emitir decisões e ordens para fins de execução da Constituição, das leis federais e decretos normativos do presidente da Federação Russa e garantir a aplicação destas decisões e ordens. Outras determinações legais sobre quais as atribuições o governo da Federação Russa tem são determinadas por

---

[235] BUSYGINA, 2007, p. 60.

leis federais (artigo 114, item 2), mantendo o patamar mínimo o determinado na Constituição.

2.3.2.3 Interfaces entre os poderes

Até aqui, foram expostas quase que isoladamente as competências das principais instituições previstas na Constituição: o presidente da República, a Assembleia Nacional, composta pela Duma de Estado e pelo Conselho da Federação, e o governo. As únicas outras instituições constitucionalmente previstas, enquanto detentoras de poder, e que não foram esmiuçadas devido ao recorte metodológico do trabalho, foram as cortes.

Daqui em diante, serão traçadas as intersecções entre os poderes das instituições supramencionadas. Especificamente, serão examinadas as relações entre o Poder Executivo, que é exercido pelo governo e pelo presidente da República e o Poder Legislativo, exercido pela Assembleia Nacional. O exame compõe a avalição da formação e do encerramento (renúncia/demissão) do governo russo por uma perspectiva normativa, isto é, seguindo a letra da Constituição. É importante fazer essa ressalva porque, como será visto próximo tópico, a prática nem sempre corresponde ao previsto na Constituição.

É importante notar que uma das facetas da interação entre o presidente da República, a Assembleia Nacional e o primeiro-ministro já foi abordada anteriormente, ao detalharmos o processo de *impeachment* do chefe de Estado russo, e, portanto, não tornaremos a explicá-la.

O presidente da Federação Russa tem previsto no seu rol de atribuições e deveres a nomeação, por acordo com a Duma de Estado, do primeiro-ministro (artigo 83, inciso A), que é o chefe de governo na Rússia. Mesmo assim, ainda há a previsão constitucional de que o presidente da Federação Russa poderá presidir as reuniões do governo (artigo 83, inciso B), demonstrando a grande influência institucionalmente prevista para o chefe de Estado dentro do governo.

Ademais, consta nas atribuições da Duma consentir para a nomeação do primeiro-ministro indicado pelo presidente (artigo 103, item 1, inciso A). A Duma tem uma semana a partir do momento da indicação pelo presidente para avaliar e considerar o candidato indicado (artigo 111, item 3). Se a Duma rejeitar o candidato, o presidente torna a indicar, dentro de uma semana, um candidato (artigo 111, item 3), que pode ser, inclusive, o mesmo que fora rejeitado.

A Duma apreciará o indicado pelo presidente por até três vezes. Caso haja a rejeição pela terceira vez, cabe ao presidente dissolver a Duma e convocar novas eleições (artigo 111, item 4; e artigo 84 inciso A). Estas novas eleições serão designadas pelo presidente, no mais tardar, 4 meses contados do momento da dissolução (artigo 109, item 2). Com o novo quadro de eleitos, o procedimento de indicação e nomeação do Primeiro ministro é reiniciado.

Se o primeiro-ministro for aceito pela Duma, será nomeado chefe de governo. Dentro de uma semana, o primeiro-ministro deverá indicar ao presidente uma proposta a respeito da estrutura dos órgãos do Poder Executivo federal (artigo 112, item 1), além de candidatos para os cargos de vice-presidente do governo e ministros das respectivas pastas (artigo 112, item 2). Depois de devidamente registrado, o governo exerce plenamente suas funções até que: (i) ofereça demissão ao presidente da República (artigo 117, item 1); (ii) a Duma Estatal expresse um voto de desconfiança (artigo 117, item 3); (iii) quando for eleito um presidente da República (artigo 116), ou (iv) quando o presidente decidir pela demissão do governo (artigo 83, inciso C).

No primeiro caso, se o governo oferece demissão ao presidente da Federação Russa, este deve aceitar ou rejeitar a demissão (artigo 117, item 1). Sendo aceita a demissão, o primeiro-ministro é afastado de seu cargo, mas o governo continua trabalhando sob instruções do presidente (artigo 117, item 5). O presidente atuará como líder de governo até que haja nova indicação e nova aceitação pela Duma de outro primeiro-ministro, o qual indicará novo gabinete.

No segundo caso, a Duma tem o direito de expressar voto de desconfiança para com o governo. O voto de desconfiança pode ser apresentado pelos membros da Duma ou pelo próprio primeiro-ministro (nesse caso, chamado de voto de confiança) e será adotado pela Duma caso a maioria simples dos deputados votem a favor da medida.

Na hipótese de ser chamada pelos membros da Duma, caso seja aprovada, o presidente é livre para aceitar ou rejeitar o voto de desconfiança e, consequentemente, retirar ou não o governo atual (artigo 117, item 3).

Se o presidente aceita o voto, o primeiro-ministro é afastado do cargo e aquele assume suas funções até que novo governo seja formado (artigo 117, item 5). Se o presidente rejeita o voto, nada se altera. Contudo, se a Duma expressar novo voto de desconfiança dentro de três meses contados a partir da rejeição do presidente, não há mais a possibilidade de rejeitar o voto. Nesse caso, o presidente deve ou anunciar a retirada do atual governo ou a dissolução da Duma, convocando novas eleições (artigo 117, item 3).

Se o voto de confiança for chamado pelo próprio primeiro-ministro e a Duma o rejeitar, o presidente dirá em 7 dias se aceita a decisão da Duma ou se dissolverá a Duma e anunciará as novas eleições (artigo 117, item 4). A diferença fundamental entre o voto de confiança iniciado pelo primeiro-ministro e o voto de desconfiança iniciado por membros da Duma é que, no primeiro caso, não há a faculdade do presidente simplesmente rejeitar a aceitação da desconfiança da Duma; ele deve ou retirar o governo ou dissolver a Duma. Já no segundo caso, há a possibilidade de rejeição da desconfiança pelo presidente, com a manutenção tanto do primeiro-ministro quanto da Duma.

A terceira hipótese é a mais simples de todas, quando houver a eleição de um novo presidente, o governo deve apresentar sua renúncia perante o recém-eleito chefe de Estado (artigo 116).

Por fim, o presidente pode, de forma unilateral e discricionária, afastar o primeiro-ministro e o governo (artigo 83, inciso C). Essa competência do presidente, agregada às suas outras funções descritas antes, levou alguns pesquisadores a rotular o modelo russo como "super-presidencialista",[236] sob o argumento de que o presidente tem tanto poder quanto os czares um dia tiveram.

Em todos os casos de afastamento do governo, o presidente é obrigado a apresentar perante a Duma, no mais tardar em duas semanas, novo indicado para o cargo de primeiro-ministro (artigo 111, item 2).

No primeiro ano de seu mandato, o presidente fica impedido de dissolver a Duma em qualquer dos casos do artigo 117 (artigo 109, item 3). O chefe de Estado também fica impedido de dissolver a Duma quando esta tiver apresentado acusações contra o presidente até que o Conselho da Federação adote uma decisão sobre a questão (artigo 109, item 4). Por fim, a Duma não pode ser dissolvida enquanto vigorar Estado de Emergência ou uma lei marcial em todo o território nacional e nos últimos 6 meses finais do termo do mandato do presidente (artigo 109, item 5).

---

[236] HOLMES, 1993.

2.3.3 Histórico recente

Este tópico será destinado a avaliação do semipresidencialismo russo no que tange às interações das instituições anteriormente analisadas (presidência, Duma de Estado e o governo). O período analisado será desde a entrada em vigência da Constituição de 1993 até o momento atual de escrita desta obra (junho de 2022).

Desde a implementação da Constituição russa, três incumbentes ocuparam a presidência da República: Boris Yeltsin, Vladimir Putin e Dmitry Medvedev. No mesmo período, a Rússia conviveu com 10 primeiros-ministros.

Boris Yeltsin foi eleito como primeiro presidente da Federação Russa em 1991. Ele foi um dos líderes no processo constituinte e tinha como ideal a modernização da economia russa bem como a adoção de medidas de austeridade fiscal para contenção do *déficit* herdado da União Soviética.

Dentre vários embates com o ainda vigente Soviete Supremo, Yeltsin sagrou-se vitorioso e se manteve no poder até o ano de 1999. Nos primeiros anos de mandato, foi responsável pela votação da primeira Duma, em 1993, e no mesmo dia houve o referendo para aprovação da Constituição. A primeira Duma eleita teria o termo de apenas 2 anos, sendo necessária a convocação de novas eleições no ano de 1995.

O presidente Yeltsin manteve no cargo de primeiro-ministro Viktor Chernomyrdin, que havia sido empossado em 1992. Embora a Duma fosse composta por comunistas e membros do Partido Agrário, uma aliança composta pelos partidos reformistas deu suporte legislativo para o primeiro-ministro tanto se manter no poder quanto para aprovar legislações pertinentes na Assembleia Nacional. Estima-se que, entre 1993 e 1995, tenham sido aprovadas mais 400 leis e preparadas mais de 600 projetos de lei.

As eleições de 1995 foram especialmente hostis ao presidente. O Partido Comunista Russo, principal partido de oposição, conseguiu 115 acentos a mais na casa.[237] Dessa maneira, as reformas foram substancialmente reduzidas e mais concessões foram feitas – como a posse de comunistas em postos estratégicos da administração – por parte do chefe de governo e do presidente.

---

[237] FEDERAÇÃO RUSSA, [2022].

Nesse meio tempo, a popularidade de Yeltsin era afetada pela Primeira Guerra da Chechênia. Num primeiro momento, a guerra foi vista com bons olhos para manter a integridade do território russo; contudo, quando as mortes começaram a aumentar, também aumentaram as críticas ao movimento bélico.

É nesse cenário de diminuição da popularidade que Yeltsin, em 1996, enfrenta uma eleição contra os comunistas. O presidente incumbente tinha a seu favor o parcial controle da inflação graças às ações do primeiro-ministro e de seu indicado para o Banco Central, no controle de gastos públicos, privatizações e aumento gradual de juros.[238] Os comunistas o acusavam de ser "entreguista" e de estar indo contra os interesses da nação.

Diante dos prós e dos contras, Yeltsin ganhou as eleições em segundo turno disputado com Guennadi Zyuganov, candidato comunista.[239] Essa vitória foi amplamente questionada na oposição, que novamente acusavam Yeltsin de ter manipulado o resultado, inclusive com possível ajuda do presidente americano à época, Bill Clinton.[240]

Com a posse do presidente, o governo é obrigado a renunciar (artigo 116). Assim foi feito no dia 9 de agosto de 1996, com a entrega do governo ao presidente. Na sessão do dia 10 de agosto de 1996, portanto, um dia depois, foi apresentada à Duma, votada e aceita a nomeação de Chernomyrdin como primeiro-ministro,[241] indicando continuidade dos trabalhos.

Ao passo que se tentava emplacar reformas estruturantes, principalmente uma reforma da previdência e uma reforma do sistema tributário, a oposição parlamentar tanto ao presidente quanto ao primeiro-ministro tornava-se insustentável. A situação foi deteriorando de tal forma que, em março de 1998, o presidente Yetsin decidiu afastar Chernomyrdin e todo seu gabinete.

Anos mais tarde, Anatoly Chubais, um dos membros mais influentes da administração de Boris Yeltsin, afirmou que a retirada de Chernomyrdin se deu pelo fato de que este começara a ter pretensões presidenciáveis.[242]

---

[238] SHLEIFER; TREISMAN, 2003.
[239] RESULTS..., 2022.
[240] SHIMER, 2020.
[241] SESSÃO nº 43..., 1996.
[242] DESAI, 2006, p. 45.

Após a saída de Chernomyrdin, o presidente Yeltsin indicou à Duma Sergei Kirienko para ser seu primeiro-ministro. Este era visto com advertências pelos parlamentares por ser muito novo e inexperiente – à época, ele tinha 35 anos.[243] Sua primeira nomeação foi rejeitada pela Duma no dia 10 de abril de 1998, com 186 votos contrários.[244] Uma hora após a sua rejeição, o nome de Kirienko foi novamente indicado para o posto. Mais uma vez, agora no dia 17 de abril, o candidato foi rejeitado pela Duma[245] com um placar ainda mais desafiador, 271 votos contrários. Dez minutos após a sua rejeição, seu nome foi apresentado pela terceira vez para ocupar o cargo de primeiro-ministro. Agora, caso a Duma rejeitasse seu nome mais uma vez, o presidente deveria dissolver a Duma e convocar novas eleições. Tendo isso em mente, a maioria dos deputados votou a favor de Kirienko, mesmo fazendo parte da oposição ao presidente.

Assim como o governo passado, a tarefa principal do novo governo era controlar os indicadores econômicos e o sistema financeiro. Por uma série de medidas fracassadas, como a desvalorização ordenada do rublo, a restruturação da dívida interna e a queda desenfreada do valor do barril de petróleo, os mercados de câmbio e de ações colapsaram. A crise financeira e a crise política se fortaleciam mutuamente à medida que a crise dava à oposição fôlego contra o governo. A oposição, por sua vez, barrava os projetos do governo, o que agravava a crise econômica. Como o seu chefe de governo se mostrou ineficaz para resolução dos problemas econômicos de curto prazo, o presidente também não apoiou o apoiou politicamente.

Diante desse cenário, Kirienko se viu forçado a renunciar no dia 23 de agosto de 1998, permanecendo aproximadamente 5 meses no cargo.

Após a saída de Kirienko, o presidente Yeltsin indica o nome de Chernomyrdin para retornar ao posto do qual o próprio chefe de Estado lhe havia tirado, chegando inclusive a exercê-lo como primeiro-ministro em exercício. O Parlamento, contudo, negou sua indicação, com 251 votos contrários e apenas 94 votos a favor. O presidente tornou a indicar Chernomyrdin pela segunda vez, e pela segunda vez a Duma o negou. Em vez de indicar Chernomyrdin pela terceira vez, e possivelmente tê-lo rejeitado novamente, sendo obrigado a dissolver a Duma e

---

[243] HENDERSON, 2011, p. 189.
[244] SESSÃO nº 168..., 2018a.
[245] SESSÃO nº 171..., 2018b.

convocar novas eleições, o presidente indicou agora Evgeni Primakov para assumir o posto de primeiro-ministro. Este, por sua vez, foi aceito pela Duma em sua primeira votação, com 315 voto favoráveis, no dia 11 de setembro de 1998.

Primakov era certamente um meio termo entre os liberais que apoiavam em parte o presidente e os comunistas que o atacavam. Ele defendia a intervenção do Estado na economia e uma revisão geral do processo de privatizações. Debaixo de sua liderança, a Rússia declarou moratória e se recusou a implementar o aperto monetário recomendado pelo Fundo Monetário Internacional (FMI), até então defendido pelos liberais russos. Além disso, as políticas de fomento ao capital produtivo em detrimento do capital especulativo e a continuação da desvalorização do rublo para favorecer exportações pavimentaram o caminho para o crescimento econômico que estaria por vir.

Em seu governo, Primakov começara a fortalecer relações com os comunistas, assumindo, inclusive, diversos compromissos políticos com partidos de oposição, contrários aos interesses liberalizantes de Yeltsin. O primeiro-ministro mostrou-se também um engenhoso articulador político, a ponto de se dizer que ele estaria se tornando um "outro Yeltsin".[246]

Agravando a situação ainda mais, os membros da comissão de *impeachment* da Duma levaram ao plenário, no dia 12 de maio de 1999, um pedido de apresentação do *impeachment* baseado em 5 acusações, que foram consideradas crimes graves (artigo 93, inciso 2). A primeira acusação é a destruição da União Soviética e o enfraquecimento da Federação Russa por meio da preparação, conclusão e implementação dos Acordos de Belovezhskaya. A segunda acusação afirmava que Yeltsin teria cometido um golpe de estado em setembro de 1993, ao emitir o Decreto nº 1.400 e tornar medidas para implementá-lo, usando, inclusive, a força militar para efetivá-lo. A terceira acusação concernia ao desencadeamento e à condução de hostilidades no território da República Chechena, ultrapassando os limites do poder que lhe era conferido pela Constituição e levando a inúmeras baixas na população russa. A quarta acusação dizia que Yeltsin permitiu o sucateamento e o colapso das Forças Armadas russas, resultando no enfraquecimento do Estado russo. A quinta e última acusação referia-se ao genocídio do povo russo durante a presidência de Boris Yeltsin, visto que, entre 1992

---

[246] TREISMAN, 1999-2000.

e 1998, houve um grande declínio populacional devido a um esforço para conseguir a mudança socioeconômica do país que piorara significativamente as condições de vida da população.

No próprio dia 12 de maio, Yeltsin editou um decreto retirando Primakov do cargo e colocando o vice-primeiro-ministro, Sergei Stepashin, em seu lugar. A justificativa oficial foi a de que o primeiro-ministro havia falhado em reviver a economia russa, mas, na realidade, tratava-se de uma queda de braço entre o presidente e a Duma, pois, se a Duma rejeitasse três vezes o indicado pelo presidente, este poderia dissolver aquela. Se a Duma fosse dissolvida, a nova composição poderia ser mais favorável ao presidente, o que levaria ao enterro do *impeachment*. Some-se a isso a aproximação de Primakov com os comunistas, na qual reside a justificativa para o seu afastamento.[247]

A votação das acusações ocorreu no dia 15 de maio de 1999, e nenhuma delas obteve a votação mínima necessária para ser julgada no Conselho da Federação. A acusação que obteve o maior número de apoiadores foi a de que o presidente teria excedido sua competência na Guerra da Chechênia, que obteve 284 votos favoráveis, ficando a 16 votos de darem seguimento ao processo.

Como resultado, não só o processo de *impeachment* foi arquivado como Stepashin foi aprovado pelo Parlamento no dia 19 de maio. Apesar de bem-sucedido, o movimento foi arriscado, pois, caso a Duma passasse a apresentação do *impeachment*, ela não poderia ser mais dissolvida e não necessitaria aprovar o nome de Yeltsin, podendo intensificar ainda mais a oposição.

Nas palavras do próprio Yeltsin: a nomeação de Stepashin foi um erro.[248] Isso porque, àquela altura, o presidente estava procurando um sucessor e ele não via no primeiro-ministro indicado a habilidade política para ocupar os cargos que Yeltsin planejava. Menos de quatro meses no cargo se passaram e Stepashin apresenta sua renúncia perante o presidente, que prontamente a aceita e propõe à Duma o nome de Vladimir Putin, que Yeltsin diria que seria seu sucessor.[249] No dia 16 de agosto de 1999, Vladimir Putin foi aprovado com 232 votos a favor.

Assim que assumiu o governo, Putin requereu aos membros do governo Stepashin que permanecessem nos mesmos postos, e a maioria

---

[247] HOFFMAN, 1999.
[248] DESAI, 2006, p. 83.
[249] YELTSIN..., 1999.

atendeu ao pedido. A popularidade de Putin logo seria testada, e o método que lhe seria imposto para tal teste seriam as eleições parlamentares em dezembro de 1999.

Os principais desafios para aumentar a popularidade do primeiro-ministro seriam tomar providências em relação à Segunda Guerra na Chechênia e conduzir a população através da grave crise econômica que assombrava a Rússia há mais de um ano.

No contexto da Guerra na Chechênia, Putin ficou nacionalmente conhecido por ter liderado uma forte ofensiva contra os separatistas chechenos, declarando, inclusive, que o presidente e o parlamento checheno seriam ilegítimos, o que demonstrou à população uma liderança forte.

Como era de se esperar, o partido que abrigara Putin, que até então atuava como político independente, chamado de Unidade, performou bem nas eleições, muito devido à popularidade em ascensão de Putin. O partido conquistou 73 acentos na Duma logo em sua primeira eleição disputada. O Partido Comunista, tradicionalmente de oposição à Yeltsin, obteve uma redução de 44 acentos, ficando com 113.

Poucos dias após as eleições, no dia 31 de dezembro de 1999, o presidente Yeltsin renuncia de seu cargo em um discurso à nação em que ele pede desculpas por não ter cumprido os sonhos compartilhados pelo povo russo de sair de um passado totalitário para se tornar um país rico e do futuro. Afirma, porém, que fez tudo que podia fazer para realizá-los.[250]

Com a saída de Yeltsin, novas eleições foram chamadas, e Putin assumiu a presidência como presidente em exercício. Ainda obtendo proveitos de sua popularidade crescente, ele é eleito presidente da Federação Russa em primeiro turno.

Os primeiros quatro anos da presidência de Putin foram marcados pela estabilização da inflação, do câmbio e dos juros, acompanhados de um forte crescimento no PIB, que alcançou a notável marca de 6,5% de crescimento anual na média de 5 anos (2000-2004).[251]

Apesar de popular, o primeiro período de Putin na presidência foi marcado por acusações de retrocessos democráticos, supressão de liberdades civis e pavimentação do autoritarismo "neossoviético".[252]

---

[250] L KLINE, 1999.
[251] ÅSLUND, 2004.
[252] TOLZ; TEPER, 2018.

Não obstante as críticas das críticas, o período também foi marcado por certa estabilidade política. Uma das evidências dessa afirmação é que Putin só teve praticamente um primeiro-ministro, Mikhail Kasyanov. Diz-se "praticamente" pois, a 3 semanas das eleições de 2004, Putin demitiu o gabinete inteiro de Kasyanov com a justificativa de formar um novo governo antes das eleições.

Putin, então, anuncia o nome de Mikhail Fradkov ao cargo de primeiro-ministro, que assume interinamente até que a Duma o aprove. É interessante notar que, mesmo agindo de forma não definitiva, houve uma preocupação de Putin de afirmar que, após a sua eleição, quando Fradkov deveria renunciar perante o presidente recém-eleito, ele seria reapresentado ao cargo.

Este foi aprovado pela Duma no dia 12 de maio de 2004, com uma votação nunca vista até então, 79,1% de votos favoráveis.[253]

Putin, por sua vez, foi reeleito com outra votação recorde, 71,31% em primeiro turno, consolidando ainda mais sua influência e popularidade. A votação serviu como demonstração de poder do partido de Putin frente aos comunistas, que novamente saíram derrotados do pleito.

O segundo termo de Putin como presidente da República foi marcado por um bom desempenho econômico, apesar de não tão bom quanto o primeiro. Além disso, Putin era visto pela população como um líder carismático que fez reformas econômicas importantes, trouxe grandes avanços sociais e foi firme na política externa, fazendo os interesses russos prevalecerem na esfera internacional.[254]

Apesar de ter crescente popularidade, as críticas também eram crescentes. As acusações feitas giravam todas em torno da escalada autoritária, inclusive com morte de opositores sendo creditadas a Putin, ainda que sem comprovação. Citam-se como exemplos as mortes da jornalista e defensora dos direitos humanos Anna Politkovskaya; de Natalia Estemirova, ativista pelos direitos humanos, e Anastasia Baburova, jornalista e estudante de Direito, todas opositoras de Putin.

Ao final do segundo mandato, Putin não poderia concorrer ao terceiro mandato consecutivo como presidente, uma vez que a Constituição preconizava que a mesma pessoa não poderia ocupar o cargo de presidente por mais de dois mandatos consecutivos.

---

[253] RÚSSIA, 2004.
[254] CARRIER-KRETSCHMER; HOLZWART, 2008.

Assim, Putin mirou em se eleger para a Duma, e com tamanha popularidade não foi surpresa que tenha conseguido. Nas eleições parlamentares de 2007, ele foi eleito deputado, e, nas eleições de 2008, Putin conseguiu eleger seu sucessor, Dmitri Medvedev. Este teve como um dos bastiões de campanha a promessa de indicar Putin ao cargo de chefe de governo.

Após a posse do novo chefe de Estado, o governo de Fradkov apresentou sua renúncia perante o presidente recém-eleito. Cumprindo sua promessa de campanha, o indicado de Medvedev ao cargo de chefia de governo foi o próprio ex-presidente, que obteve aprovação recorde na Duma, 392 votos.

A estrutura de governo proposta por Putin e aceita por Medvedev foi basicamente a mesma de quando Putin exercia a presidência.

O centro de gravidade das decisões definitivas acompanhou Putin saindo da presidência e indo para o gabinete do governo. Algumas faculdades constitucionais, como a presidência das reuniões de governo previstas no artigo 83, foram deliberadamente passadas a Putin, demonstrando que o poder *de facto* ainda restava com ele.

Nesse ponto, Fernando Couto Garcia[255] faz interessante metáfora: quando Putin foi chamado a suceder a Yeltsin, o então presidente o entregou ao seu sucessor a caneta com que costumava assinar leis, como símbolo da transmissão do poder. Já quando Putin foi sucedido na presidência da Federação, disse que manteria a caneta de Yeltsin consigo, em vez de transferi-la a Medvedev, o que pode ser compreendido como uma ação simbólica para dizer que, apesar de ter sido transferido formalmente, materialmente o poder permaneceria nas mãos de Putin.

A população russa compartilhava desse sentimento de que quem comandava o país era Putin e não Medvedev. Em uma pesquisa realizada em 2009 pelo Centro Analítico de Yuri Levada, perguntou-se "nas mãos de quem está o verdadeiro poder do país agora?". Mais de dois terços dos entrevistados acreditavam que o presidente agia sob controle do primeiro-ministro e de sua comitiva.[256] Muitos, inclusive, chegaram a chamar Medvedev de "marionete de Putin".[257]

Apesar das críticas, durante seu governo, Medvedev propôs uma importante alteração na Constituição que prolongou o prazo do

---

[255] GARCIA, 2022.
[256] MEDVEDEV..., 2009.
[257] NEEF; SCHEPP, 2011.

mandato presidencial de quatro para seis anos e outra de quatro para cinco anos nos mandatos de deputados. Essa alteração acabou por afetar a relação Parlamento, governo e presidente, na medida em que aumentava o descompasso entre a eleições parlamentares e presidenciais. Posteriormente foi constatado que o principal beneficiário dessa alteração foi o primeiro-ministro, Vladimir Putin, tendo em vista que ele viria a concorrer novamente à presidência no ano de 2012.

Com a popularidade ainda inalterada, Putin se elege pela terceira vez presidente da Federação Russa. Seu indicado para o cargo de primeiro-ministro foi o ex-presidente imediato, Dmitry Medvedev, o qual foi prontamente aceito pela Duma.

Nesse mandato de Putin, pouco se pôde falar sobre interações entre a presidência e o governo, já que houve somente um primeiro-ministro em todo esse período. Ele foi indicado pelo presidente, não teve nenhum voto de desconfiança e não apresentou nenhum voto de confiança perante o Parlamento; não foi retirado pelo presidente e não apresentou renúncia fora da normalidade – quando um presidente recém-eleito toma posse. A última hipótese, inclusive, veio a ocorrer quando Putin disputou e venceu seu quarto termo como presidente.

As críticas ao governo Putin dentro e fora da Rússia permaneceram e se fortaleceram. Agora, ele era criticado pelos ativistas do meio ambiente,[258] pelas mortes de opositores que continuaram a acontecer,[259] e pelas inúmeras denúncias de corrupção no governo.[260] Conforme as críticas iam aumentando, a repressão também.

Não obstante o criticismo, em 2018, eleições presidenciais foram feitas e novamente Vladimir Putin foi eleito. Na ocasião de sua investidura, Medvedev renuncia de forma protocolar. Não muito tempo depois, Putin o reconduziu ao cargo de primeiro-ministro.

Em 2020, foi proposto um pacote de alterações em 42 dos 137 artigos[261] da Constituição da Federação Russa. Dentre elas, foi inserida cláusula que zeraria a contagem de termos presidenciais sucessivos de Putin, permitindo que ele concorra mais duas vezes à presidência. Dessa maneira, Putin poderá se manter no poder até 2036, ultrapassando o líder soviético Joseph Stálin como o líder que ficou mais tempo no poder.

---

[258] WALKER, 2013.
[259] POLÍTICO..., 2015.
[260] SESTANOVIC, 2017.
[261] RUSSEL, 2020.

Além disso, as mudanças estabeleceram que o presidente poderá retirar de seu cargo juízes da corte constitucional e de outras cortes por condutas inadequadas. Ademais, o presidente passou a ser obrigado a dar diretrizes para o governo, tendo sido mantida a faculdade de presidir as reuniões de governo e [262] estabelecido, inclusive, que o Poder Executivo na Rússia seria exercido pelo governo, sob a direção do presidente da Federação.

O governo, então liderado por Medvedev, ofereceu renúncia a Putin por não concordar com os termos das mudanças constitucionais. O presidente aceitou a renúncia e indica à Duma o chefe do Departamento de Tributos, Mikhail Mishustin. A Duma, amplamente dominada pelo partido de Putin, aceitou a indicação presidencial.

Para ratificar as mudanças constitucionais, Putin convocou um referendo nacional. A votação foi acachapante no sentido de aprovar as mudanças propostas – 77,92% dos votantes endossaram as alterações. Opositores acusaram Putin de ter manipulado o resultado das eleições para produzir um resultado que lhe fosse favorável.[263]

A despeito de ter ou não havido interferência nas eleições, fica claro que o poder do presidente, que já era colossal, restou substancialmente maior. Essa expansão, marcada pela falta de alternância real, tem deixado cada vez mais claro que, na Rússia, o semipresidencialismo, como arranjo de distribuição corresponsável do poder político, não mais subsiste. Sobrevive, apenas, no texto constitucional.

2.4 Contribuições das experiências constitucionais comparadas para o Brasil

Este capítulo examinou três países semipresidencialistas, cada qual com peculiares aspectos políticos, econômicos, sociais e culturais, e que variam em termos do seu *design* semipresidencial. Limitado a um certo número possível de fatores, o objetivo era concentrar-se no efeito da variação institucional dentro do semipresidencialismo, com vistas a fornecer um substrato experimental robusto digno de análise comparativa.

Foram apresentados três modelos de conformação constitucional do semipresidencialismo, com diferentes medidas de distribuição

---

[262] COMISSÃO EUROPEIA PELA DEMOCRACIA, 2021.
[263] ROTH, 2020.

do poder político. Em diferentes escalas, cada um oferece parâmetros, positivos e negativos, para a implementação do semipresidencialismo no Brasil. O conceito de semipresidencialismo, no plano da objetividade, admite uma conformação mínima: basta que um país tenha previsto em sua constituição a presença de um presidente eleito diretamente pelo povo, com um mandato fixo, e um governo exercido por um primeiro-ministro e seu gabinete, coletivamente responsáveis perante uma legislatura. Para demonstrar a diferenciação além da conformação mínima, foram analisados três modelos de configuração das instituições semipresidenciais: os poderes do presidente, do governo e suas respectivas interfaces.

Há, pelo menos, três parâmetros de análise: a exata medida de distribuição de competências entre o presidente e o primeiro-ministro; a forma federada ou unitária, com o respectivo arranjo bicameral ou unicameral, e a eventual responsabilidade do governo perante a presidência. Os dois últimos serão pormenorizados na análise do caso brasileiro, que se sucederá.

Numa breve retrospectiva dos casos analisados, alguns elementos merecem destaque. Primeiro, no caso de Rússia e França, o presidente possui grandes poderes legiferantes e regulamentares, o que não se verifica em Portugal. Segundo, não há previsão constitucional para a destituição do presidente em Portugal, instituto esse presente nos outros dois países, sendo coerente com a posição de garantidor do equilíbrio institucional, típica de presidente *moderador* português. A lógica é diferente no caso francês, de presidente *liderante*, em que este atua de modo mais incisivo nas grandes orientações políticas. Admite-se sua destituição quando praticar atos manifestamente incompatíveis com sua manutenção no cargo. Na Rússia, a previsão não sai do papel.

Ademais, foram analisados: um país federado bicameral, Rússia; um unitário bicameral, França; e um unitário unicameral, Portugal, pela influência de tais configurações no mútuo processo de controle entre as instâncias políticas, diga-se, o lócus da confiança parlamentar e a eventual dissolução da legislatura.

Por fim, e decerto não menos relevante, é identificar, apenas na Rússia, a prerrogativa presidencial de demitir o primeiro-ministro discricionariamente, pelo que se apresenta como semipresidencialismo de subtipo *president-parliamentary*, em contraposição à França e Portugal, de subtipo *premier-presidential*. Assimilados esses pontos, abre-se o caminho para conformação no caso brasileiro.

CAPÍTULO 3

CONFORMAÇÃO DE UM
SEMIPRESIDENCIALISMO BRASILEIRO

Os capítulos passados ofereceram bases descritivas e prescritivas acerca dos caminhos que a adoção do semipresidencialismo no Brasil deve percorrer. Tanto aquilo que identificamos como teoria geral do sistema, no plano teórico, como os substratos relevantes, no plano das experiências comparadas, foram identificados rumo à verificação da hipótese deste trabalho.

Neste capítulo, a atenção se volta especificamente para o caso brasileiro. Inicialmente, importa compreender a construção histórico-institucional do presidencialismo ao longo das "três repúblicas". Em seguida, já na configuração da Constituição de 1988, serão consideradas duas experiências específicas: os governos de Fernando Collor de Mello e Dilma Rousseff, que melhor exemplificam as disfuncionalidades do presidencialismo de coalizão como um todo.

Antes de proceder à análise da conformação das instituições semipresidenciais no Brasil, será registrada uma conclusão parcial: a contraposição entre o núcleo normativo do semipresidencialismo e as disfuncionalidades do modelo atual de presidencialismo. A correlação corresponde à parte da hipótese, que antecederá o avanço ao último subtópico do trabalho. Neste, a análise será dividida entre considerações preliminares, de cunho procedimental, e considerações materiais, internas à proposta de conformação de um *semipresidencialismo brasileiro*.

3.1 Origens políticas do presidencialismo de coalizão

"A República nasceu sem povo e oligárquica". É assim que Sérgio Abranches define o início da história do Brasil republicano. Inspirado na Revolução Americana, adotou-se o federalismo como forma de Estado, mas, diferentemente do arranjo institucional estabelecido pelos vizinhos norte-americanos, o Brasil se configurou de forma a instituir um poder nacional descentralizado, com a concessão de poderes às províncias.[264]

E não foi apenas o federalismo que inaugurou a história do Brasil republicano. As oligarquias, incentivadas pelas condições políticas da forma de Estado então instituída, passaram a ganhar espaço tanto no plano estadual quanto no plano nacional, expressando o alargamento da formação de grupos cuja expressão já era marcante no Brasil Império e fincou raízes nas mais profundas estruturas sociais do país.

A partir da presidência de Campos Sales, operou-se o apogeu do controle pelas oligarquias estaduais, marcada, sobretudo, pela coalização entre os chefes das oligarquias dos estados mais ricos – São Paulo e Minas Gerais. Tratou-se de um movimento que não só desfiava a até então consolidada crença de que a coesão nacional estava atavicamente vinculada ao centralismo do poder imperial, mas também que estabelecia a correlação entre o eleitorado local e a máquina partidária.

A formação de uma forte política oligárquica estadual, prossegue Abranches, somada ao federalismo descentralizado, possibilitou, na Primeira República (1889-1930), a prevalência de um bipartidarismo fragmentado internamente em facções oligárquicas estaduais, as quais funcionavam em coalizão para se representarem no plano da União. Na Segunda República, a Constituição de 1946 concentrou na presidência da República uma maior parcela de poder, deixando, contudo, os governadores com uma expressiva dose de poder político residual, possibilitando, para além do já efetivo mando nos estados, uma significativa influência nas bancadas federais. E, com a ampliação dos poderes do Congresso Nacional, "as coalizações se tornaram interpartidárias, não mais intrapartidárias como na Primeira República".[265]

O movimento de fragmentação partidária, por sua vez, manteve-se na Terceira República, sobretudo em razão do legado deixado pelo modelo de 1946, o qual, ainda, sofreu uma série de reformulações,

---
[264] ABRANCHES, 2018, p. 21.
[265] ABRANCHES, 2018, p. 22-23.

especialmente associadas à hipercentralização do federalismo, ao fortalecimento de poderes da presidência da República e à formação do modelo de coligações eleitorais de voto proporcional em eleições coincidentes.

Embora, pois, trate-se de uma consolidação histórica, gradual e dinâmica das oligarquias no cenário político nacional – muito devedora da política de Campos Sales –, os grupos passaram a controlar a economia e as políticas das províncias, em uma forma de estruturação do poder que possibilitava, até mesmo, aos grupos fora do eixo oligárquico principal anteverem a possibilidade de ingressar na arena política. O enfoque na necessidade de organização do poder trouxe, ainda, a simpatia de militares e positivistas.

Conquanto houvesse um certo grau de estabilidade à estrutura política nacional do período de 1889-1930, com o passar do tempo, a "estreiteza da representação gerava insatisfação e inquietação em todos que estavam à margem do poder político", o que não pôs a salvo a Primeira República dos movimentos de conturbação social – desde as guerras entre oligarquias estaduais até as manifestações de trabalhadores. Houve, então, nesse período, a consolidação de um poder altamente "adaptável no topo, e dotado de significativa capacidade de repressão local impedia que os interesses que se lhe opunham se organizassem e ultrapassassem as fronteiras locais".[266]

A articulação política que trouxe organicidade ao sistema político da Primeira República se deu com a Constituinte: o Legislativo assumia o papel central de controlar o Executivo e o Judiciário, mormente porque estes não representavam a vontade plural dos estados. Ao Executivo, por sua vez, incumbia governar – com a sanção do Legislativo. Era o Legislativo que detinha maior protagonismo e os partidos políticos eram os responsáveis pela decisão sobre o preenchimento de todos os cargos políticos nos níveis federal, estadual e local: "(...) partido e interesse oligárquico estadual se confundiam."[267]

Estabeleceu-se, na Primeira República, um sistema de freios e contrapesos que perdurou ao longo da história política republicana brasileira, consubstanciado na disputa entre o Legislativo e o Executivo. Os presidentes foram eleitos, nesse período, nos termos dos compromissos firmados entre os representados dos estados dominantes nos respectivos

---

[266] ABRANCHES, 2018, p. 25.
[267] ABRANCHES, 2018, p. 27.

comitês executivos dos partidos republicanos, o que garantia que, em cada estado, a eleição do chefe do Executivo se desse por larga maioria. Esse contexto, conclui Abranches, torna possível afirmar que no período da Primeira República os presidentes eram eleitos nos estados – e só na Segunda e Terceira República eles passarão a ser eleitos no Brasil.[268]

Deve-se consignar que, conquanto, no âmbito federal, a política estivesse cindida em um bipartidarismo que abrigava as principais oligarquias locais, representado, de um lado, pelo dominante Partido Republicano, e, por outro, pelo Partido Liberal, ambos os blocos eram sobremaneira plurais. A trajetória multipartidária do país só alcançaria sua manifestação expressa com o colapso do Estado Novo varguista e com a Constituição de 1946, mas sem expressiva duração, tendo em vista o bipartidarismo artificial imposto pela ditadura militar.

De qualquer forma, o arranjo institucional da Primeira República demandava do presidente a capacidade de equilibrar as heterogêneas forças existentes no partido republicano de cada um dos estados, garantindo a coalização nacional das oligarquias locais, as quais, em última instância, elegiam não só o chefe do Executivo, mas também o Legislativo federal. É nesse sentido que se pode dizer que "a natureza do presidencialismo brasileiro, apoiado numa coalização majoritária para ter condições de governabilidade, já estava, em semente, dada na Primeira República".[269] E embora essa dinâmica – que atribuía ao Legislativo a estabilidade do sistema de poder, sobretudo a partir do controle dos grupos hegemônicos – tenha, ao menos em parte, sucumbido à força do presidente nas Segunda e Terceira repúblicas, não se pode perder de vista que, desde o início da experiência republicana no Brasil, o sistema de coalização já se apresentava como elemento imprescindível à governabilidade.

Adiante, na Revolução de 1930, conformada pela união de grupos heterogêneos, cresceriam os clamores de ampliação da participação política. E a "Constituinte de 1934 foi a resposta conservadora de Getúlio Vargas a tais anseios, tentando construir essa representatividade numa base corporativista e centralizando fortemente o poder na União".[270] Essa tentativa se viu, logo, frustrada, tendo em vista que o presidente não hesitou em fechar o Congresso quando da tentativa de impor a sua

---

[268] ABRANCHES, 2018, p. 28.
[269] ABRANCHES, 2018, p. 34.
[270] ABRANCHES, 2018, p. 37-38.

autonomia ao governo central. Foi a ditadura de Vargas que ofuscou as luzes republicanas da Primeira República, as quais só voltariam a se acender a partir de 1945.

Pois bem. Se a Primeira República nasceu sem povo e oligárquica, o traço marcante da origem da Segunda República seria o multipartidarismo. A criação do PSD buscava a manutenção com as elites tradicionais, enquanto o PTB tinha o escopo de manter por perto os setores sindicalizados nascentes, aproveitando-se especialmente do banimento do Partido Comunista para se manter com a representação eleitoral da classe operária e dos trabalhadores assalariados, ainda que com uma configuração ideológica mais difusa, atrelada ao populismo e ao cooperativismo. A UDN, por sua vez, se organizou tendo em vista os setores mais progressistas, as camadas urbanas médias, o patronato e as oligarquias – sem mencionar os dissidentes do Partido Comunista, cujo projeto em comum era a oposição ao próprio governo Vargas.[271]

Destaca-se que PSD e UDN dividiam entre si não apenas as bases sociais, mas também os recursos institucionais dos velhos partidos oligarcas da Primeira República, funcionando como uma espécie de reduto para a transmissão das tradições mandonistas e clientelistas para a Segunda República. Contudo, foi a expansão do PTB, associada, sobretudo, ao crescimento da população assalariada do país, que barrou o fortalecimento do partidarismo capitaneado pelo PSD e pela UDN do eixo conservador.[272]

Diante desse novo cenário, tornou-se quase inviável a eleição de um determinado candidato à presidência com base, exclusivamente, em um partido específico. Para além da ausência de unânime apoio a um determinado candidato, a formação de uma maioria interpartidária, capaz de viabilizar a governança depois da eleição, era tarefa deveras desafiadora. O PSD, entretanto, foi o responsável por capitanear a maior partir das coalizações governamentais viáveis, garantindo a maioria nas primeiras legislaturas da Segunda República.

Em pouco tempo, ficaria evidente que "a estabilidade institucional do governo – e, portanto, do presidente – dependia do apoio continuado de uma coalizão majoritária e do empenho de seu partido-pivô",[273] o que demandava não apenas equalizar os partidos políticos, mas também

---

[271] ABRANCHES, 2018, p. 40.
[272] ABRANCHES, 2018, p. 40.
[273] ABRANCHES, 2018, p. 41.

outros mecanismos de atuação do poder, tais como o poder de veto social dos trabalhos e o veto armado dos militares, este que, de certa forma, barrava o recrudescimento do protagonismo político dos setores populares.

Na Segunda República, o presidente precisava ser, de fato, eleito nacionalmente, enquanto o Congresso passaria a depender do voto no âmbito estadual, ainda que por meio de um voto influenciado pela capacidade de manipulação das lideranças locais, como resquício da expressividade das oligarquias. Dessa forma, o Congresso era o responsável por balancear o caráter mais reformista da presidência, garantindo a expressão dos interesses locais e mais tradicionais da sociedade e incorporando fontes de poder que mantinham sua capacidade de fiscalizar as alianças políticas por meio de uma coalizão parlamentar de governo. É nesse sentido que Abranches diz que o presidencialismo de coalização também deita suas raízes nessa "combinação de poderes republicanos – presidência e Legislativo –, apoiados em bases sociais diferenciadas, e da necessidade de alianças multipartidárias de governo no Congresso como fiadoras do pacto da maioria parlamentar com o presidente".[274]

Uma forma que se encontrou, no período, para resolver as diversas tensões geradas por esse sistema multipartidário e de confronto entre expressões conservadoras e progressistas do país foi, como já mencionado, o recurso ao poder de veto. As forças populares expressavam-na por meio de manifestações públicas e greves, enquanto os militares consubstanciavam sua discordância por meio de pronunciamentos e investidas que só eram contrabalanceadas pelas respostas politicamente convenientes emanadas pelo Legislativo – ou seja, soluções que conseguiam acomodar todos os interesses em conflito, evitando confrontos que pudessem representar rupturas, ainda que parciais, ao governo.

De qualquer modo, a tensão perene entre as populistas de reformas e as tentativas de golpes conservadores trouxe uma instabilidade notadamente mais marcante à experiência política da Segunda República, o que resultou em uma paralisação do Congresso pela radicalização polarizada das forças de poder, cujo estopim foi o da reação os setores conservadores, culminando, assim como na Primeira República, em um golpe de Estado.

---

[274] ABRANCHES, 2018, p. 42.

A Segunda República foi marcada por eventos políticos dramáticos em seus dezoito anos de existência. Um presidente se matou. Dois de seus substitutos constitucionais foram impedidos de presidir o país. Outro renunciou. A posse de um vice-presidente da República foi impedida pelos militares. Implantou-se o parlamentarismo de afogadilho, em 1961. Um referendo restabeleceu o presidencialismo em 1963. Ela terminou um ano depois, com o golpe de 1964.[275]

A crise constante e o cenário de instabilidade política trouxeram à tona a necessidade de se pensar em alternativas capazes de não só de evitar o *impeachment* do presidente, mas também de apaziguar a conturbada relação entre Legislativo e Executivo. Os receios do PSD e da UDN frente ao vice, Café Filho, impediram os antigetulistas de levarem a cabo o projeto de destituição do poder do chefe do Executivo, mas, ao mesmo tempo, fortaleceu o gosto pelo parlamentarismo, cuja expressão máxima dependeria, ainda, da presidência de Kubitscheck e da instabilidade que ensejou a renúncia ao cargo por Jânio Quadros, depois de 206 dias de sua posse como chefe do Executivo.

O compromisso com a conciliação marca o discurso de João Goulart de 7 de setembro de 1961, já apontando para a possibilidade sobre a consulta popular a respeito da adoção do parlamentarismo. Nossa primeira experiência parlamentarista na República durou 17 meses e foi encabeçada por Tancredo Neves, não sem a marca presente da tensão institucional que encaminhava os rumos da política nacional.

Segundo Abranches, "o que se desenhou foi uma espécie de presidencialismo de gabinete que, por suas ambiguidades estruturais, tendia à instabilidade e ao conflito",[276] em especial pela extrapolação de competências de João Goulart, que insista em envolver-se em assuntos do governo, usurpando competências que lhe foram atribuídas pela emenda parlamentarista. Verificavam se ambiguidades estruturais em relação aos limites do poder do chefe de Estado, o presidente da República, e à separação de papéis e poderes entre ele e o chefe de governo. Como já afirmado, a mudança produziu efeitos de imediato, sem um marco institucional claro.

O principal nome responsável pelo equacionamento dos conflitos era o de Tancredo Neves, mas mesmo o seu espírito conciliatório não subsistiu às crises sociais e políticas que marcaram os idos de 1962, e

---

[275] ABRANCHES, 2018, p. 44.
[276] ABRANCHES, 2018, p. 58.

o presidente eleito apresentou a renúncia coletiva de seu gabinete em junho daquele ano.

As experiências subsequentes, com Brochado da Rocha e Hermes Lima, foram menos duradouras, não só em razão das disputas parlamentaristas que impediam a consecução das políticas almejadas, mas também das sanções sociais impostas à já instável figura do parlamentarismo no imaginário popular. A expressão da insatisfação popular veio em 1963, quando, com quase 9,5 milhões de votos contrários e pouco mais de 2 milhões a favor, o parlamentarismo foi substituído pelo presidencialismo.

As lições sobre o parlamentarismo no Brasil, embora não possam ser integralmente extraídas da experiência de 1961-1963, encontram suas mais significativas expressões nos governos de Dutra, Kubitscheck e Tancredo Neves, sobretudo tendo em vista o hígido compromisso com a efetivação das aspirações centrais das coalizões, na busca pelo apoio de projetos de governo que tornassem possível a sustentação política, sem a qual os mandatos não poderiam se concluir.[277]

O presidencialismo, contudo, trouxe à tona não só esperança a João Goulart, mas também a certeza de que a coalizão, mesmo nesse cenário, era imprescindível: "(...) os três presidentes cujos mandatos foram interrompidos, Vargas, Quadros e Goulart, não conseguiram formar coalizões, seus partidos eram minoritários e não tinham a confiança do partido-pivô. As poucas maiorias que formaram, foram frágeis e fugazes."[278]

A inquietação social que se manifestava nas insurgências sindicais, estudantis e nas greves que se somavam em todo o país em 1963 espelhava a radicalização da polarização política, o que, para além de tornar inviável a atuação do Congresso, tornava infrutífera qualquer tentativa de conciliação, em um contexto que caminhava, inequivocamente, à ruptura que se materializou em 1964.

Alguns pontos de conclusão podem ser extraídos do contexto que culminou na ruptura institucional da Segunda República. Não apenas a diferença palpável entre o apoio político da coalizão ao presidente e a aceitação da agenda presidencial. Enquanto o apoio político garante a condição de governabilidade ao presidente, a concordância com a integralidade da agenda não torna possível, por si só, a efetivação do

---

[277] ABRANCHES, 2018, p. 63-65.
[278] ABRANCHES, 2018, p. 65.

programa de governo. Nada obstante, o contexto de polarização ideológica, especialmente aquelas arraigadas a uma visão de perigo iminente, torna inviável a própria coalizão. Como leciona Abranches, as percepções "são sufocadas pela visão ideológica do processo, as aflições e agressões aceleram e aumentam de intensidade, apontando para a iminência de um golpe de lado a lado",[279] o que torna alta a probabilidade de deposição do presidente.

O contexto até então trabalhado deixa evidente que o presidencialismo de coalizão não foi uma invenção da Constituinte de 1988. Embora, de fato, o Executivo tenha dado um salto qualitativo no que tange à abrangência de seus poderes – em especial com a iniciativa exclusiva para a proposição de projetos de lei orçamentária e com relação à matéria tributária, bem como com a possibilidade de legislar por meio de medida provisória –, não se pode negar que o modelo presidencialista foi incorporado, na medida do possível, do modelo já visto na Carta Constitucional de 1967. "Incorporou elementos centralizadores oriundos do regime militar e alterou em aspectos fundamentais o equilíbrio de forças entre Executivo e Legislativo, em favor da presidência da República."[280]

Diante desse cenário, o presidencialismo de coalizão forjado na Constituinte de 1988 se deu como um projeto resultante das rejeições recíprocas às alternativas parlamentaristas e presidencialistas. A escolha do presidencialismo de coalizão não se deu arvorada nos métodos clientelistas de formação de coalizão, mas em um governo atavicamente vinculado à coalizão que pode ser formada com base em projetos ou em valores. É nesse sentido que Abranches caracteriza a coalizão como "uma espécie de acordo prévio, pelo qual os partidos se dispõem a apoiar os projetos do Executivo, sob determinadas condições, a serem negociadas no momento da discussão e votação de cada um", e não como uma coalizão de poderes ou como um voto de confiança a um programa de governo.[281]

---

[279] ABRANCHES, 2018, p. 74.
[280] ABRANCHES, 2018, p. 75.
[281] ABRANCHES, 2018, p. 77.

3.2 A contraposição entre o núcleo normativo do semipresidencialismo e as disfuncionalidades do modelo de 1988

3.2.1 Governo Collor

Collor chegou à presidência sem grandes aliados, e acreditou que seria possível valer-se da pressão popular para compelir os partidos a apoiarem a agenda legislativa de seu governo. Somava-se à tensão instaurada pela ausência de apoio parlamentar a crise econômica e, ainda, a própria *persona* do chefe do Executivo. Não se pode perder de vista a paralisação da agenda legislativa empreendida pela ausência de votação das medidas provisória editadas pelo presidente e emendadas pelo Congresso. E, embora tivesse obtido relativo sucesso com as propostas inicialmente levadas à análise do Congresso, Collor, a partir de 1990, viu a bancada governista sobremaneira fragilizada – situação *também* agravada pelas denúncias de corrupção envolvendo pessoas ligadas ao presidente, inclusive ocupantes de cargos na administração.[282]

Se o então presidente conseguiu evitar uma coalizão de forças da oposição no Congresso durante os primeiros dois anos do seu governo, não se pode dizer que foi em razão da coincidência das posições do Legislativo e do Executivo. Depois do insucesso na polêmica sobre o reajuste nos benefícios dos Planos de Previdência devidos em 1991, e do desgaste que a questão trouxe ao seio das relações entre o Congresso e a presidência, Collor se convenceu da necessidade de buscar a renovação da coalizão nas bases do Congresso e o alargamento da base governista, o que também não funcionou, em especial depois da tentativa de resolver a questão previdenciária por meio de decreto – sem participação da Câmara e do Senado, portanto –, o qual fora posteriormente anulado por um decreto legislativo editado em resposta ao ato do presidente.[283]

É nesse contexto de alguns fracassos políticos, insatisfação popular e diversas crises políticas que a "tese parlamentarista voltou a ganhar proeminência e o Congresso aprovou, também, a antecipação do plebiscito de setembro para abril de 1993".[284] Tardiamente, Collor buscou, mais uma vez, construir uma nova coalizão, a partir de uma

---

[282] Para uma compreensão detida do fenômeno, que não será objeto de aprofundamento neste trabalho, cf. MENDONÇA, 2020, p. 73-91.
[283] ABRANCHES, 2018, p. 111-113.
[284] ABRANCHES, 2018, p. 114.

reforma ministerial que tornaria o gabinete mais proporcional à coalizão buscada – em um movimento típico, como diz Abranches, do presidencialismo de coalizão.[285] A investida dessa natureza, contudo, como era de se esperar, só desestabilizou ainda mais o governo, por desagradar aliados e iniciar uma demanda de pedidos e contrapropostas pragmaticamente incontroláveis.

Frente ao agravamento da situação, Collor criou o gabinete de gestão da crise que se instaurava. O quadro, no entanto, não oferecia grandes esperanças. Pelo contrário: pouco depois, uma série de matérias jornalísticas afirmavam que PC Farias, tesoureiro da campanha de Collor, pagava as despesas particulares do presidente. Certo, então, de que o processo de *impeachment* era inevitável, o presidente passou a tentar garantir votos suficientes para evitar que a coalizão que apoiava a sua destituição alcançasse a maioria de dois terços na câmara. Sem muito sucesso, sobretudo diante das restrições fiscais impostas pela política macroeconômica que já cuidava de uma robusta crise financeira, o presidente é denunciado, e o processo de *impeachment* tem, de fato, o seu início em 29 de setembro de 1992.

Collor já havia perdido, de fato, a presidência. Faltava perdê-la de direito, o que demandava, apenas, algumas formalidades. É sob essa ótica que um dos advogado de Collor, Evaristo de Morais Filho, se manifestou dizendo: "Se o processo for jurídico, o presidente tem todas as chances. Se for político, é óbvio que sua absolvição é quase impossível."[286] Mesmo com a tentativa de encabeçar uma narrativa de que teria sido vítima de uma campanha difamatória no país, Collor, no dia em que iniciado o julgamento no Senado, entregou sua renúncia ao cargo. Cerca de 20 anos depois, o processo de *impeachment* da presidenta Dilma Rousseff seguiria um caminho deveras semelhante.

3.2.2 Governo Dilma

A candidatura de Dilma Rousseff, em 2010, foi alavancada pela popularidade de Lula e pelo crescimento econômico legado dos dois mandatos anteriores sob a tutela do Partido dos Trabalhadores. Embora a disputa com o segundo colocado nas disputas eleitorais, José Serra, tenha, de fato, levado a disputa eleitoral ao segundo turno, Dilma

---

[285] ABRANCHES, 2018, p. 116.
[286] ABRANCHES, 2018, p. 139.

tornou-se a 18ª presidenta da República eleita pelo voto direto, e a primeira mulher a ocupar o cargo.

A tensão vivenciada na disputa eleitoral transpassou-se ao governo eleito. O núcleo duro do governo era todo petista, o que tornou conflituosa a relação com a coalizão. E não só o núcleo. Em verdade, ministérios que usualmente eram deixados à disposição para coalizões foram também conglobados pelo partido do governo, tendo sido deixados ao PMDB, *apenas*, seis. Na tentativa de recuperar as perdas sofridas nos cargos de segundo escalão, o PMDB, de plano, entrou em conflito com a recém-eleita presidente, ameaçando retaliar no Congresso, o que levou Dilma a autorizar o acordo de rotatividade na Câmara dos Deputados.[287]

Contudo, tal acordo não bastaria. O Ministério da Agricultura, tradicional reduto de ministros do PMDB, logo foi derrubado em razão de escândalos envolvendo o secretário executivo do ministério. Antes mesmo que pudesse resolver a questão, a presidenta se desentendeu com o então ministro da Defesa, Nelson Jobim (PMDB-RS), que teria criticado publicamente as duas ministras da ponta de ataque do governo, Gleisi Hoffmann e Ideli Salvatti, mais alinhadas com Dilma do que ele. Como se não bastassem as crises no Ministério da Defesa e da Agricultura, o Ministério do Turismo foi alvo de outro escândalo, mostrando-se necessária uma substituição do ministro Pedro Novais (PMDB-MA), por Gastão Vieira (PMDB-MA), indicado pelo presidente do Senado, José Sarney. De qualquer forma, as baixas no PMDB somavam três de seis ministros, e dois deles por corrupção.[288]

Era no controle das políticas e recursos públicos que se dava a inconformidade dos objetivos da governante com os da coalizão. Essa lógica foi levada adiante no final da primeira metade do mandato presidencial de Dilma e sobremaneira agravada pelos eventos externos às relações entre Executivo e Legislativo – tais como a crise econômica, o julgamento da Ação Penal nº 470, no STF, as greves em diversos setores sociais –, a qual teria se mostrado, de certa forma, enfraquecida, depois da derrota nas negociações relativas à redistribuição dos *royalties* do petróleo.

A antecipação do anúncio de Dilma Rousseff à reeleição, em fevereiro de 2013, trouxe ainda mais transtornos à já fragilizada coalizão

---

[287] ABRANCHES, 2018, p. 271.
[288] ABRANCHES, 2018, p. 275.

governista, a qual sofreria, ainda, os mais duros embates diante das investigações que acabariam na deflagração da Operação Lava Jato – o que trouxe um outro elemento ao jogo político, o Judiciário. Com a intensificação do fenômeno da judicialização da política, abriram-se os flancos do insucesso da política de coalizão do governo Dilma.

É diante deste cenário – de uma coalizão desagregada, de uma atuação presente do Judiciário, do avanço das investigações relativas aos esquemas de corrupção envolvendo nomes importantes do núcleo governista – que a popularidade da presidência se viu cada vez mais abalada. Formava-se uma frente cada vez mais hostil ao governo no Congresso, o que teria possibilitado, inclusive, a instauração de comissão parlamentar de inquérito para investigação da corrupção na Petrobras. As manifestações de protesto no período de Copa de Mundo e a escalada dos juros na economia trouxeram ainda mais insegurança à Dilma Rousseff, que passou a optar pelo palanque como forma de tentar contornar uma conjuntura que parecia incontornável.[289] Seria reeleita por curta margem em relação ao candidato Aécio Neves, no segundo turno, para um mandato condenado à instabilidade.

O paliativo escolhido por Dilma no primeiro ano do segundo mandato foi a tentativa de convocar o vice-presidente para a articulação política, o que de plano foi aceito, desde que a função se incorporasse à estrutura da vice-presidência, com a consequente extinção da Secretaria de Relações Institucionais. O início das nomeações para o segundo escalão, de grande interesse dos partidos, conseguiria, de certa forma, trazer um curto período de estabilidade – não sem tensões – ao governo, que se encerraria, em especial, com as irregularidades noticiadas pelo Tribunal de Contas da União nas contas presidenciais de 2014. A crise fiscal então instaurada somou-se à incompatibilidade de personalidades políticas de Dilma e Temer, o que tornou ainda mais turbulentas as relações com o PMDB.[290]

Já no final de 2015, um impasse no Conselho de Ética da Câmara dos Deputados envolvendo o apoio do Partido dos Trabalhadores ao presidente da casa, Eduardo Cunha, selaria a abertura do processo, em 2 de dezembro de 2015, bem como o envio ao Senado, em 17 de abril de 2016, após confirmada a derrota presidencial no Plenário, por 367 votos a 137. Uma vez definida a relatoria no Senado, a cargo do

---

[289] ABRANCHES, 2018, p. 291-296.
[290] ABRANCHES, 2018, p. 301-304.

então senador Antonio Anastasia, seria autorizada, em 12 de maio de 2016, a abertura do processo manejado contra a então presidenta Dilma Rousseff, que foi afastada temporariamente da presidência da República. O vice-presidente Michel Temer foi, então, chamado a assumir a presidência da República. E ele não tinha um programa *de interinidade*, mas sim *de governo*.[291]

Na madrugada do dia 31 de agosto de 2016, Dilma Rousseff foi destituída do cargo de presidente da República por 61 votos a 20, confirmando a assunção do cargo do presidente pelo vice. Michel Temer tornou-se o segundo vice-presidente confirmado no cargo de presidente da Terceira República, após a deposição da titular por *impeachment*.

3.2.3 Conclusão parcial

O brevíssimo relato dos governos de Collor e Dilma – em última análise, de seus *impeachments* – não teve por objetivo apresentá-los por completo. A abreviação desses fatos, de imensa complexidade, pautou-se pela demonstração de duas disfuncionalidades do presidencialismo de coalizão, elencadas na introdução do trabalho.

A primeira diz respeito à falta de mecanismos adequados de responsabilização política daquele que chefia o governo. Leia-se, a falta de mecanismos adequados para a contenção de impasses e crises políticas localizadas.

Sabe-se que a perda de sustentabilidade parlamentar é um fato da política que, como tal, não pode ser de todo evitado. Importa, no entanto, que o impasse fique *na política* – que não transcenda para o plano de ruptura institucional. É preciso ter um marco normativo adequado para responder a tais situações. Identifica-se, pois, como profunda contrariedade a utilização do *impeachment* como voto de desconfiança. São respostas para problemas distintos. Num modelo em que a *pergunta* deixou de importar já no primeiro mandato presidencial oriundo do voto popular, a disfuncionalidade é explícita.

A segunda é identificada na falta de estímulos à corresponsabilidade governativa. Na propensão sistêmica ao embate, marcada pela ausência de mútuo processo de controle nas relações entre as instâncias políticas.

---

[291] ABRANCHES, 2018, p. 316-317.

Como resposta à superconcentração de poderes no Executivo, ou mesmo como um avanço em situações de fragilidade presidencial, observamos que o Legislativo pode se expandir, aumentando seu controle orçamentário e intensificando sua própria agenda legislativa, por exemplo. Mas assim o faz sem contrapartida. Diga-se, é limitada à confiança do eleitor, num sistema proporcional de lista aberta, que raramente os identifica. Além disso, a falta de compromisso partidário ou programático qualifica a falta de responsabilidade do parlamentar, individualizado, que não é, objetivamente, corresponsável pelo governo.

Como já afirmado, ambas remetem à noção de responsabilidade. Falta responsabilização adequada para o Executivo, falta responsabilidade parlamentar e falta corresponsabilidade governativa entre ambos.

Por outro lado, identificamos, ao longo da pesquisa, que o núcleo normativo do semipresidencialismo pode ser abreviado em dois elementos: *flexibilidade* e *corresponsabilidade*. É de sua essência o mútuo processo de controle, da confiança parlamentar, como pressuposto de manutenção do governo, à eventual e excepcional dissolução da legislatura. O presidente não se desvincula do governo; o primeiro-ministro vincula-se à maioria parlamentar; e o parlamento, ao governo e ao presidente.

O sistema apresenta, concomitantemente: (i) mecanismos adequados para a contenção de impasses políticos localizados e (ii) estímulos à corresponsabilidade governativa, pelo compartilhamento cruzado de poderes e responsabilidades, em que se destaca a responsabilidade conferida ao parlamentar, individualizado, como partícipe da execução do plano de governo, atrelado ao compromisso programático e partidário.

Parece-nos clara a contraposição: o núcleo normativo do semipresidencialismo prevalece sobre as adversidades estruturais do atual modelo de presidencialismo brasileiro, pelo que *pode* se apresentar como alternativa normativamente consistente e promissora.

Também observamos que o sistema, assim como os demais, pode apresentar falhas, riscos e distorções. Não se pode perder de vista que existem fortes recomendações advindas da teoria geral, das experiências comparadas e, sobretudo, de nossa própria prática constitucional. Discuti-las e considerá-las é a chave para qualificar uma eventual mudança em nosso sistema de governo. É nesse sentido que se encaminha para o último item do trabalho.

3.3 Conformação

A adoção do semipresidencialismo no Brasil pressupõe a aprovação de uma emenda à Constituição. Nos processos de deliberação e votação de tal emenda, a nova *conformação* do sistema de governo seria efetivamente delimitada.

A percepção da hipótese deste trabalho é de que há uma condicionante para que o semipresidencialismo se apresente como alternativa consistente e promissora para combater as disfuncionalidades do presidencialismo de coalizão, qual seja: conformar-se às particularidades da experiência constitucional brasileira.

Compreendemos que a devida implementação do semipresidencialismo no Brasil precisa equacionar, especialmente, três questões: o papel institucional do Senado Federal; a responsabilização do primeiro-ministro, se limitada ou concomitante, e o acerto prévio e público da coalizão governamental. Identificamos, aqui, um conjunto essencial de questões para a conformação de um *semipresidencialismo brasileiro*. Por certo, outras merecem atenção, como a exata medida da divisão de responsabilidades entre as duas principais autoridades. A predileção das três, no entanto, pautou-se pela confluência de uma série de substratos identificados ao longo da pesquisa, ciente de suas próprias limitações.

Antes de apresentá-las, importa fazer alguns registros de cunho procedimental. Questões preliminares, pode-se dizer, que não dizem respeito à conformação interna-material das instituições semipresidenciais.

3.3.1 Notas preliminares: cláusulas pétreas; (ausência de) necessidade jurídica e conveniência política de consulta popular e vacância

A primeira consideração diz respeito ao possível enquadramento do presidencialismo como cláusula pétrea, o que obstaria a própria deliberação de proposta de emenda constitucional cujo objeto fosse a alteração do sistema de governo. Há dois caminhos para tal enquadramento, e ambos nos parecem equivocados: o primeiro parte de uma leitura expansiva da cláusula de separação dos poderes, no sentido de que qualquer alteração na distribuição horizontal do poder político a afrontaria; o segundo parte da compreensão de que o plebiscito de

1993 teria sepultado qualquer discussão nesse sentido, *convertendo* o presidencialismo em cláusula pétrea.

Quanto ao primeiro, importa assimilar corretamente a separação de poderes como limite material ao poder de reforma. Decerto, não se identifica como óbice a toda e qualquer disposição constitucional que verse, direta ou indiretamente, sobre a competência de cada um e suas interfaces. Para Luís Roberto Barroso,

> apenas haverá violação à cláusula pétrea de separação de separação de Poderes se o seu conteúdo nuclear de sentido tiver sido afetado. Isto é: em primeiro lugar, se a modificação provocar uma concentração de funções em um poder ou consagrar, na expressão do STF, uma 'instância hegemônica de poder'; e secundariamente, se a inovação introduzida no sistema esvaziar a independência orgânica dos Poderes ou suas competências típicas.[292]

No mesmo sentido, Bernardo Gonçalves sintetiza o aludido conteúdo nuclear da separação de poderes como contenção da concentração e do exercício despótico do poder.[293] Parece-nos claro que, como limite material, representa a impossibilidade de um poder se expandir ao ponto de subjugar o outro. O semipresidencialismo como sistema *democrático* de governo, em relação ao presidencialismo, representa um rearranjo da distribuição de poder e responsabilidades entre Executivo e Legislativo, sem que qualquer um se qualifique, de plano, como instância hegemônica. Pelo contrário, é de sua essência o mútuo processo de controle, da confiança parlamentar como pressuposto de manutenção do governo à eventual e excepcional dissolução da legislatura.

Quanto ao segundo caminho, ainda que se admita a existência de limites materiais implícitos ao poder de reforma,[294] não nos parece que seja o caso do presidencialismo. Condenar eternamente a Constituição de 1988 a um modelo de presidencialismo, hoje identificado como disfuncional, por uma opção plebiscitária de quase 30 anos atrás, seria aquilo que Thomas Jefferson identificava como "governo dos mortos sobre os vivos".[295] Seria inadmitir que uma nova geração tenha legitimi-

---

[292] BARROSO, 2018, p.213.
[293] FERNANDES, 2018, p.306.
[294] Cf. BARROSO, 2018, p. 203.
[295] Tradução nossa de trecho de uma das cartas a James Madison (JEFFERSON, 1789).

dade democrática para ponderar erros e buscar alternativas, ainda que adstritos aos pressupostos do funcionamento democrático da política.[296]

Uma das reuniões do GTSISGOV da Câmara dos Deputados dedicou-se ao tema. Naquela oportunidade, Daniel Sarmento resumiu precisamente o que se acabou de expor: "(...) o núcleo de identidade da Constituição não é presidencialismo; é democracia, Estado de direito e direitos fundamentais."[297]

Num país em que questões políticas de menor relevância não escapam da judicialização, sobretudo como instrumento recorrente de minorias parlamentares, é de se esperar que a eventual tramitação de uma proposta nesse sentido chegue ao Supremo Tribunal Federal pela via de mandado de segurança. No caso, o Supremo teria a oportunidade de se manifestar sobre o ponto, especificamente quanto ao semipresidencialismo. Quanto ao parlamentarismo, já tramitou na Corte o MS nº 22.972/DF, cujo relator originário era ministro Néri da Silveira. A medida cautelar foi indeferida em 18 de dezembro de 1997, mas o Plenário nunca chegou a apreciar a matéria. Entre 2015 e 2018, o feito chegou a ser incluído em pauta, sem deliberação efetiva, até a homologação da desistência pelo último relator, ministro Alexandre de Moraes, pelo que extinguiu o processo sem resolução de mérito.

Seguindo no plano normativo, a segunda consideração preliminar diz respeito à suposta necessidade jurídica de consulta popular, como requisito procedimental da eventual proposta de emenda.

O principal argumento nesse sentido é de que o art. 2º do ADCT,[298] que estabeleceu o plebiscito de 1993, vincularia qualquer alteração no sistema de governo àquela configuração procedimental. Isso porque não é possível extrair de outra parte da Constituição de 1988 a imprescindibilidade da consulta para promover essa sorte de modificação. Nos §3º e 4º do art. 18, residem as únicas hipóteses em que a consulta é de natureza obrigatória: casos de incorporação, subdivisão ou desmembramento de Estados-membros, bem como criação, incorporação, fusão e desmembramento de municípios.[299]

---

[296] Para uma compreensão da "Constituição como ponto de partida, de limites, mas, principalmente, de possibilidades", cf. CRUZ, 2017.

[297] Cf. BRASIL, 2022, p. 35.

[298] "Art. 2º. No dia 7 de setembro de 1993 o eleitorado definirá, através de plebiscito, a forma (república ou monarquia constitucional) e o sistema de governo (parlamentarismo ou presidencialismo) que devem vigorar no País" (BRASIL, [1988]).

[299] "Art. 18 (...) §3º Os Estados podem incorporar-se entre si, subdividir-se ou desmembrar-se para se anexarem a outros, ou formarem novos Estados ou Territórios Federais, mediante

Em todos os demais casos, é de competência exclusiva do Congresso Nacional autorizar referendo ou convocar plebiscito.[300] Pressupõe, pois, o juízo político do parlamento quanto à conveniência da medida, para que se qualifique como juridicamente necessária. Voltaremos ao ponto.

Sobre o aludido argumento central, Marcelo Neves é um dos que defende que a emenda que "incorpore elementos parlamentaristas no sistema constitucional, sem consulta popular, viola manifestamente a opção procedimental originária da Constituinte de 1988 e a decisão do povo, constitucionalmente tomada mediante o respectivo procedimento".[301] A tese não nos parece sustentável.

Quanto à eventual proposta que versasse especificamente sobre a introdução do parlamentarismo no Brasil, a analogia sistêmica faria algum sentido. Valer-se dessa percepção, pelos componentes parlamentaristas do semipresidencialismo, não. O sistema, como reiteradamente exposto, tem natureza autônoma. E conserva, do presidencialismo, a figura do presidente eleito pelo voto popular – figura essa tão importante para a cultura institucional, social e política do nosso país. Atrelar a mudança do sistema de governo, especificamente para o semipresidencialismo, à opção do plebiscito é extrair do art. 2º do ADCT um comando de racionalidade inexistente.

Como bem identificou Luís Roberto Barroso, o dispositivo representou uma "fórmula de compromisso" entre o presidente Sarney, vencedor quanto à opção presidencialista, e os defensores derrotados do parlamentarismo, tal como concebido nos anteprojetos da Comissão Arinos e da Comissão de Sistematização.[302] Não se observa a opção irredutível da Constituinte no sentido da imprescindibilidade de consulta

---

aprovação da população diretamente interessada, através de plebiscito, e do Congresso Nacional, por lei complementar. §4º A criação, a incorporação, a fusão e o desmembramento de Municípios, far-se-ão por lei estadual, dentro do período determinado por Lei Complementar Federal, e dependerão de consulta prévia, mediante plebiscito, às populações dos Municípios envolvidos, após divulgação dos Estudos de Viabilidade Municipal, apresentados e publicados na forma da lei" (BRASIL, [1988]).

[300] "Art. 49 É da competência exclusiva do Congresso Nacional: (...) XV - autorizar referendo e convocar plebiscito (...)" (BRASIL, [1988]).

[301] NEVES, 2022.

[302] BARROSO, 2018, p. 519. O autor comenta, ainda, uma curiosidade do destino: os partidos que apoiaram o presidencialismo no plebiscito de 1993, PT, PDT e PMDB, o fizeram com grandes aspirações para as eleições de 1994 – Lula, Brizola e Orestes Quércia, respectivamente. Já o PSDB, sem candidato significativo para a presidência, defendeu o parlamentarismo. Fernando Henrique Cardoso, no entanto, viria a se tornar o "principal beneficiário do modelo que combatia: o presidencialismo imperial à brasileira".

para alterar o sistema de governo, visto que poderia tê-la consignada no texto, como fez nos casos de desmembramento de estados e municípios. O que se percebe, a bem da verdade, é um *acordo possível*, típico da acomodação de interesses que marcou aquele processo.

Caso a proposta do semipresidencialismo tramite, a resolução dessa questão constitucional também não deve escapar da apreciação do Supremo Tribunal Federal, por meio da qual teríamos uma definição concreta.

A terceira consideração preliminar parte da diferença entre a necessidade jurídica da consulta e seu juízo de conveniência política por parte do Congresso Nacional. Se confirmada a percepção quanto à inexistência de tal necessidade no plano normativo, o procedimento repousará na avaliação do Congresso Nacional, visto que lhe compete privativamente autorizar referendo ou convocar plebiscito.

Parece-nos que, também nesse campo de avaliação, não seja imprescindível. Pode ser recomendável, rumo à consolidação paradigmática da mudança, pelo que eventualmente ancorada em instrumento de exercício da soberania popular. Seria uma dupla confirmação, para além do procedimento regular junto às instâncias de representação. Mas há um desafio substantivo.

Trata-se de questão eminentemente complexa para ser submetida à consulta popular. Infelizmente, é muitíssimo provável que a maioria esmagadora dos que viessem a se manifestar sequer assimilassem o que se estaria em discussão. Observamos, muitas vezes, mesmo entre pessoas instruídas, a falta de percepção mínima quanto aos elementos mais básicos da política. A diferença entre um deputado federal e um deputado estadual, o que é uma emenda à Constituição, o que faz um vereador. Esse descolamento, dentre inúmeros fatores não comportados por esta análise sumária, passa pela ausência do estudo mínimo do conteúdo constitucional nos ensinos fundamental e médio.[303]

Não se conclui que a opção do eleitorado não seria válida, é claro. Tampouco que uma decisão dessa magnitude deva ser tomada por um pequeno grupo de "notáveis", a portas fechadas. Acreditamos apenas que o parlamento, seguindo toda a tramitação de uma proposta de emenda, detém legitimidade suficiente para aprovar ou rejeitar a

---

[303] O PLS nº 70/2015, do senador Romário (PL/RJ), cujo objeto é exatamente esse, alterando a Lei de Diretrizes e Bases da Educação Nacional, já foi aprovado pelo Senado e remetido à Câmara dos Deputados, onde aguarda seguimento.

mudança. Concordamos com a percepção de Nelson Jobim, no sentido de que a consulta estimularia mais disputas políticas e desinformação, sem entrar no mérito dos benefícios institucionais do modelo.[304]

O consenso do GTSISGOV da Câmara dos Deputados, contudo, foi pela conveniência da consulta, de modo que se aprovou a edição de projeto de decreto legislativo, convocando plebiscito:[305] "O Brasil deve adotar o sistema de governo semipresidencialista, em que o presidente da República é eleito diretamente pelo povo e indica o nome de um primeiro-ministro para a aprovação do Congresso Nacional?" A legislação condiciona a iniciativa a, pelo menos, um terço dos membros que compõem qualquer das casas do Congresso Nacional. Como dito, caberá ao Congresso, como um todo, se colhidas as assinaturas, aprovar o projeto de decreto.

Por fim, a quarta consideração formal diz respeito à necessária fixação de vacância para emenda dessa natureza. Sabe-se que uma emenda à Constituição entra em vigor a partir de sua publicação. No entanto, aquela que alterasse o sistema de governo, especificamente, deveria considerar um intervalo temporal mínimo para produzir efeitos. A validade imediata implicaria obstrução ao legítimo exercício do presidente da República, eleito para chefiar tanto o Estado quanto o governo brasileiro.

Parece-nos que a falta de atenção ao ponto, dentre outros fatores, acelerou o fracasso da experiência parlamentarista de 1961-1963 – como dito, *quase* semipresidencialista –, já que acomodou a figura de um presidente eleito popularmente, originariamente para o cargo de vice, e um gabinete, de imediato e sem um marco institucional claro. É nesse sentido que se assenta a necessidade de que a modificação só tenha efetividade, pelo menos, na legislatura subsequente.

Portanto, a depender do período restante de determinado mandato, produziria efeitos numa quantidade certa de anos depois. Uma exceção que nos parece necessária diz respeito à eventual aprovação em ano de eleições gerais. Embora não exista, por óbvio, direito adquirido à reeleição, seria de todo razoável afastar a validade do ano subsequente. No cenário, o ideal seria aguardar a conclusão da nova legislatura, ou, no máximo, admitir proposta de transição para o último ano de mandato daquele que ainda não foi reeleito, ou ainda não assumiu a cadeira.

---

[304] PORTAL CÂMARA DOS DEPUTADOS, 2022.
[305] BRASIL, [2022], p. 57-58.

Passam-se a analisar, agora, os ditos aspectos materiais e internos à conformação do sistema.

3.3.2 O papel do Senado Federal

A primeira questão – e que talvez represente o maior desafio no plano real da política – é repensar o papel do Senado Federal para a conformação de um *semipresidencialismo brasileiro*. É possível afirmar, com alguma segurança, que nenhum país semipresidencialista possui um câmara alta tão forte quanto o Senado brasileiro. É preciso encontrar um caminho institucional que conserve parte expressiva de sua relevância, sem prejudicar a funcionalidade do sistema.

A estrutura do Senado está umbilicalmente ligada a forma federativa do Estado brasileiro. Tal como concebido na experiência norte-americana, é a casa legislativa de representação dos estados-membros e do Distrito Federal. Não se apresenta *apenas* como uma câmara alta ou revisora, como se tende a observar em países unitários, e mesmo em outros paradigmas federativos. Esse ponto demanda algumas considerações.

A lista consensual de países federados soma, atualmente, 26 experiências constitucionais.[306] Partindo não apenas de listas de países semipresidencialistas,[307] as 26 constituições foram consultadas para confirmar aquilo que já se expôs: Áustria e Rússia são as únicas expressões atuais de países semipresidencialistas federados.[308] A maioria acaçapante de experiências comparadas – pelo menos 50 países, em relação aos outros 2 – reúne semipresidencialismo e Estado unitário.

A confluência entre o sistema de governo e a forma de Estado permeia particularidades substantivas. Sobretudo, para o que nos interessa aqui, quanto à opção de configuração interna do Poder Legislativo, e consequentes repercussões para a composição e funcionamento do governo.

Em regra, países federados são adeptos do bicameralismo. Nesses casos, uma das casas legislativa é a instância de representação dos próprios entes federados. A composição dessa sorte de câmara não é uniforme. Nos Estados Unidos e no Brasil, por exemplo, há eleição popular. Em diversos países, como Rússia e Áustria, a eleição é indireta,

---

[305] Por todas, cf. a relação disponível em FORUM OF FEDERATIONS, [2022].
[307] Cf., especialmente, ELGIE, 2011, p. 24-25. No caso, a relação é de 2011.
[308] Todas disponíveis no *site* Constitute Project (https://www.constituteproject.org/constitutions?lang=en&status=in_force&status=is_draft).

sendo normalmente vinculada ao Poder Legislativo local. Precisamente, nesses dois casos: no Conselho da Federação Russa, um dos integrantes de cada ente é indicado pelo governador e confirmado pelo legislativo provincial e o outro é eleito por esse parlamento; no *Bundesrat* austríaco, são eleitos por votação proporcional entre as assembleias locais.

A Rússia, dentre outros motivos, foi um objeto oportuno para a presente pesquisa, pelo que se extrai da aludida confluência. Nesse ponto específico, também se analisou com maior cuidado a configuração austríaca,[309] comportada pela curtíssima amostragem de apenas dois países, e necessária frente às implicações de distorções advindas da conjuntura real na Rússia.

Pontos relevantes dessas conformações demonstram, com clareza, porque precisaríamos equacionar essa questão no Brasil. Três, de modo especial: a responsabilidade política do governo recai sobre ambas as casas legislativas? A medida excepcional de dissolução da legislatura recai sobre ambas? Qual é o grau de participação dos respectivos senados no processo legislativo?

Quanto aos dois primeiros questionamentos, como se poderia esperar, os substratos são comuns. Em ambos os casos, os processos de confirmação e retirada do primeiro-ministro são de competência privativa das respectivas câmaras baixas. De igual modo, a prerrogativa de dissolução da legislatura por parte do presidente, em circunstâncias vinculadas, restringe-se a elas, não alcançando os respectivos senados. Aqui, a ausência de eleição direta para a câmara alta deve ser ponderada, mas há uma correlação mais adequada: a dissolução, como instituto excepcionalíssimo, foi concebida para situações extremas em que não há consenso possível quanto à formação do governo. Se os respectivos senados não dão sustentabilidade ao primeiro-ministro, não há razão para sua dissolução, visto que a medida em nada impactaria a construção de uma nova base de apoio parlamentar.

Especificamente quanto a esses dois pontos, correlacionados, é possível considerar, ainda, modelos de semipresidencialismo em países unitários bicamerais como a França, e mesmo países parlamentaristas federados, como Alemanha e Canadá.[310] O substrato se conserva: nos três países, a eventual dissolução restringe-se à câmara baixa, em que reside a sustentabilidade política do primeiro-ministro. Evidente que,

---

[309] ÁUSTRIA, [1920].
[310] Cf. ALEMANHA, [1949]; CANADÁ, [1867].

quanto aos três, a comparação é meramente subsidiária. Corrobora com a compreensão ampla da correlação entre lócus de responsabilidade e dissolução, ressalvadas as particularidades dos raros casos de confluência entre semipresidencialismo e Federação.

Quanto ao terceiro questionamento, as conclusões são relativamente comuns, no seguinte sentido: há distinções substantivas entre ambos os senados, mas nenhum deles ocupa, no respectivo tabuleiro institucional, posição de tamanha relevância como o Senado Federal. Tanto o Conselho da Federação Russa quanto o *Bundesrat* austríaco detêm competência tipicamente revisora, e as respectivas câmaras baixas podem, por regras de maioria qualificada, fazer valer sua proposta legislativa tal como ora submetida à revisão. Ambas podem apresentar proposições, como instituição ou fração de seus membros, mas o processo legislativo se concentra nas câmaras baixas.

De volta ao Brasil, cada uma das três questões demanda atenção. Quanto ao primeiro ponto, é difícil conceber um cenário em que o Senado não participaria da escolha do primeiro-ministro. A despeito da regra entre os países analisados, no sentido de limitar a confiança e responsabilidade do governo à câmara baixa, entende-se que a conformação tipicamente brasileira pressupõe algum grau de participação do Senado nos processos de confirmação e retirada. Tanto no plano jurídico-normativo, de distribuição de competências legislativas, quanto no plano político, em atenção aos embaraços de uma custosa transição.

Analisamos, portanto, a natureza de três sessões parlamentares: aprovação do indicado ao cargo de primeiro-ministro; votação de moção de confiança e votação de moção de desconfiança, seja esta construtiva ou não.[311] No conjunto, identificam o lócus de responsabilidade política do primeiro-ministro e seu gabinete, de modo que não há sentido para naturezas distintas entre as três sessões.

A primeira possibilidade seria seguir a regra dos países observados: restariam repousados coletivamente na confiança da Câmara dos Deputados, tão somente. O Senado ocuparia outra posição, não se sujeitando à dissolução, ao contrário daquela. Como dito, não nos

---

[311] Verificada em alguns exemplos de semipresidencialismo e parlamentarismo, a moção de desconfiança construtiva exige o consenso em torno de um novo nome, antes da efetiva retirada do respectivo primeiro-ministro. Em 2006, Luís Roberto Barroso (2006, p. 37) sugeriu a adoção da proposta como uma das "válvulas de segurança" para a implementação do sistema no Brasil. De fato, trata-se de solução estratégica frente aos riscos de imobilismo legislativo e impasse institucional.

parece factível e tampouco adequado. Evidente que a adoção do sistema implicaria ajustes em disposições constitucionais, para além do mínimo objetivamente identificado no conceito de Robert Elgie. Não se defende, contudo, a necessidade de revisitar por completo o processo legislativo. Se, em 1988, o Brasil optou por uma configuração diferente para seu bicameralismo, é natural que a conformação também seja diferente daqueles países.

Assentada a presença do Senado Federal nos três processos de votação, resta considerar a forma de participação dos senadores: sessões separadas da Câmara e do Senado, com cada casa formando juízo avulso, a partir de determinada maioria; sessão unicameral do Congresso Nacional, com cada parlamentar dispondo de um voto; sessão unicameral ou sessões apartadas, com critério de proporcionalidade entre os membros. Parece-nos que qualquer opção no sentido de atribuir pesos deva ser afastada. Já entre as duas primeiras opções, nos parece funcional a proposta de sessão unicameral, pelo que melhor se identificaria a responsabilidade do primeiro-ministro e seu gabinete perante o Congresso como um todo.

Quanto ao segundo ponto central deste tópico, é razoável afirmar que a não dissolução do senado em países como Rússia e Áustria está ligada à eleição indireta de seus membros. Afinal, o que seria dissolvido? Na Rússia, uma composição formada pela indicação dos governadores e assembleias locais. Na Áustria, um conjunto eleito pelas assembleias, cuja composição também poderia ser conservada, dada a manutenção das legislaturas provinciais.

Como dito, a correlação não se limita à eleição: a dissolução, como medida excepcionalíssima, foi concebida para situações extremas, em que não há maioria estável, apta a formar governos razoavelmente duráveis, ou quando a maioria existente perde criticamente sua legitimidade política.

O poder de dissolução não compõe invariavelmente o conceito de semipresidencialismo em Robert Elgie, mas é regra e não exceção entre os diversos países consultados. Decerto, a prerrogativa excepcional, limitada por quesitos temporais e vinculada a situações-limite, não escaparia da implementação em nosso país. Se, no Brasil, os senadores são eleitos diretamente, e eventualmente integrassem o polo confiança do governo, seria adequado recair sobre eles a medida? Parece-nos que não.

A razão não é meramente política, no sentido de blindar aquela casa. É objetiva: ainda que os 81 senadores se manifestassem num mesmo sentido quanto à formação de um novo governo, corresponderiam a menos de 15% do conjunto de parlamentares. Para uma maioria absoluta, considerada a irreal unanimidade de seus membros, formariam menos de um terço do contingente necessário. Somente a Câmara dos Deputados poderia formar maioria apta a conceder estabilidade ao governo, razão pela qual se compreende que o instituto, vinculado temporalmente e a situações extremas, deveria a ela se restringir.

Por fim, quanto à terceira questão – grau de participação no processo legislativo – estamos diante da opção institucional do Constituinte de 1988: o Senado Federal ganhou o poder de iniciar legislação, pelo que perdeu a função de revisor em última instância.[312] Novamente, é natural que a conformação brasileira seja diferente daqueles semipresidencialismos federados.

Não se considera imprescindível a revisão de todo o processo legislativo brasileiro. O retorno ao modelo revisor-puro, com perda de iniciativa, é inconcebível no plano real, e relativamente dispensável no plano da operacionalidade. O Senado, além de conservar suas competências-chave, como aprovar indicações das principais autoridades, participaria da escolha e destituição do governo, da deliberação do respectivo programa, seguindo regularmente sua atuação na tramitação de matérias, ressalvados eventuais ajustes pontuais em detrimento do imobilismo legislativo.

Afirmamos que é preciso encontrar um caminho institucional que conserve parte expressiva da relevância do Senado Federal, sem prejudicar a funcionalidade do sistema. Parece-nos que a devida atenção a cada uma das três questões oferece solução para essa equação.

3.3.3 Responsabilização do governo perante o presidente

Inerente ao conceito de semipresidencialismo é a previsão constitucional de um governo exercido por um primeiro-ministro e seu gabinete, coletivamente responsáveis perante a legislatura.

Como já abordado, o semipresidencialismo se apresenta, dentre outras classificações possíveis, em duas grandes configurações. Para essa divisão binária de modelos, a distinção está naquilo que denominamos regra constitucional adicional: responsabilidade do governo perante o

---

[312] Para uma análise dos contornos reais do processo legislativo, no tocante à revisão e devolução de matérias, cf. DANTAS; TAVARES, 2013.

presidente. Se o presidente *pode* destituir o primeiro-ministro discricionariamente, estamos diante do modelo *president-parliamentary*. Se não detém essa competência constitucional, fala-se em *premier-presidential*. Esses modelos opõem, assim, a responsabilidade do governo limitada ao parlamento e a responsabilidade concomitante perante as instituições da presidência e do parlamento.

A despeito de eventuais conformações no plano real, o critério é igualmente adstrito ao texto constitucional. O modelo *premier* limita-se ao conjunto mínimo do conceito de semipresidencialismo, conquanto o *president* o conserva e vai além.

Há formas distintas de destituição do governo por parte do presidente. Para essa divisão, importa apenas a regra constitucional que faculta a demissão indiscriminada. Em que o ato é unilateral e não vinculado. É o caso, por exemplo, da Rússia e Síria.[313] Caso a prerrogativa de destituição seja vinculada, e a demissão tiver de ser precedida por algum motivo, ainda que genérico, não há falar em *president-parliamentary*. É justamente o caso de Portugal, em que a redação constitucional, com a reforma de 1982, admite "quando tal se torne necessário para assegurar o regular funcionamento das instituições democráticas, ouvido o Conselho de Estado".[314]

No entanto, a maioria dos países que adotam o modelo *premier* sequer admitem hipóteses como essa. Como demonstrado, Portugal é um caso bastante específico, em que a transição de 1976 para 82 alterou o paradigma, deixando rastros. A regra nos países desse modelo é a destituição limitada à aprovação de voto desconfiança ou à rejeição do voto de confiança, além de hipóteses como renúncia, virada de legislatura e morte.

De acordo com o referencial teórico deste trabalho, a competência constitucional em voga ocupa a prateleira mais alta, entre todo e qualquer poder presidencial que se possa conceber relevante, para a compreensão da distribuição horizontal do poder político. A escolha, portanto, por um ou outro modelo, envolve uma opção institucional deveras relevante. Daí a predileção pelo ponto, dentre aqueles a serem equacionados pela deliberação legislativa.

---

[313] No caso da Rússia, cf. o item 2.3.2.1; quanto à Síria, é claríssima a redação do art. 97 da Constituição de 2012 (SÍRIA, [2012]).

[314] Cf. item 2.2.2.3.

É de se pensar que num país com mais de 130 anos de experiência presidencialista, onde o presidente tanto representa, a transição para o semipresidencialismo seria para o modelo *president*, que não escapasse ao rol de poderes presidenciais a prerrogativa de destituir livremente o primeiro-ministro. A proposta certamente encontraria adeptos.

A advertência deste trabalho é veementemente contra a inclusão dessa prerrogativa presidencial, no caso de eventual implementação do semipresidencialismo no Brasil. A razão para tanto é de fácil compreensão teórica, além de comportar verificação empírica.

Anteriormente, aludimos que a denominada terceira vaga de estudo do semipresidencialismo dedica-se aos efeitos das instituições semipresidenciais nas democracias em geral, sejam elas recentes ou consolidadas. Em livro seminal, Robert Elgie identificou precisamente tais efeitos nos dois subtipos em questão. Seu argumento central é que as democracias com semipresidencialismo de modelo *president-parliamentary* têm um desempenho inferior ao daquelas que escolheram o outro subtipo do sistema.[315]

Elgie sugere a existência de uma relação causal direta entre a opção de semipresidencialismo que um país escolheu e seu desempenho democrático.[316] A conexão não se baseia nos poderes gerais do presidente: se tem poderes consideráveis quanto à edição de decretos ou não, se preside reuniões de gabinete ou não, por exemplo. O nexo causal baseia-se tão somente na responsabilidade do governo, se limitada ao parlamento ou concomitante perante as instituições da presidência e da legislatura.

No subtipo *premier-presidential*, o presidente tem incentivos para negociar com o legislador sobre a formação do governo e o legislador tem interesse na reciprocidade. Conforme abordaremos no tópico subsequente, é o cenário em que o componente parlamentarista do sistema é maximizado. O presidente e o legislador são corresponsáveis pelo governo e pelo regime em geral. O resultado, em tese, é uma maior estabilidade política, susceptível de conduzir a um melhor desempenho democrático.

Em contraste, Elgie identifica no *president-parliamentary* uma falta de incentivos recíproca entre as instâncias de representação para

---

[315] ELGIE, 2011, p. 2.
[315] ELGIE, 2011, p. 35.

negociar a formação do governo.³¹⁷ Os acordos políticos, pelo que de fácil rompimento, são frágeis. Isso significa maior probabilidade de que impere a instabilidade política, naturalmente prejudicial para performance democrática do sistema. Parte, portanto, da hipótese genérica de que as democracias semipresidenciais de modelo *premier* têm menor probabilidade de ruir do que as democracias de modelo *president*.³¹⁸

O autor desenvolve a análise a partir de uma série de indicadores da democracia, como Freedom House e Polity IV. Considerada apenas a responsabilidade do governo, se limitada ou concomitante, isolada dos demais fatores explicativos potencialmente importantes, confirma que os países com subtipo *president* de semipresidencialismo têm muito mais probabilidades de entrar em colapso do que aqueles de subtipo *premier*, valendo-se de provas empíricas.³¹⁹ "Os resultados são ambos muito claros e consideravelmente consistentes: para um mesmo parâmetro normativo, distinguido pelos subtipos, o *president-parliamentary* aumenta a provável taxa de fracasso da democracia em relação ao *premier-presidential*."³²⁰

Como ventilado, há uma razão para que se estabeleça uma classificação interna entre os semipresidencialismos existentes limitada a uma única regra constitucional adicional: os diferentes impactos de sua presença ou ausência no desempenho democrático, seja na performance genérica, seja na subsistência do regime.

Na obra de Elgie, a amostragem é extensa e a metodologia é meticulosa. Mas, mesmo para uma amostragem menor, de distinção menos qualificada, a hipótese do autor se confirma. A opção deliberada de apresentar experiências constitucionais de ambos os modelos se atentou para a questão. Se tomarmos apenas França e Portugal, contrapostos a Rússia e Síria – que não foi objeto de análise detida, mas já identificada como *president-parliamentary* –, evidenciam-se os perfis autocráticos de Putin e Bashar al-Assad. A prerrogativa indiscriminada de substituir o governo a qualquer tempo, dentre outros fatores, decerto contribui para os respectivos projetos pessoais de perpetuação no poder.

É de se ponderar, inclusive, que a estabilidade democrática na França e em Portugal, na vigência dos respectivos semipresidencialismos,

---
³¹⁷ ELGIE, 2011.
³¹⁸ ELGIE, 2011.
³¹⁹ Para conferência dos quadros completos, cf. ELGIE, 2011, p. 47 e ss.
³²⁰ ELGIE, 2011, p. 62, trad. nossa.

perpasse essa relevante opção institucional.[321] Em que pese o caso francês denote matriz de presidente liderante, e a Constituição portuguesa tenha dispositivo de interpretação aberta quanto ao tema, não há o avanço para a demissão não-vinculada nesses países.[322]

Essas descobertas produzem uma recomendação política geral muito forte: veementemente contrária à introdução de um modelo *president* no Brasil. A conformação de um *semipresidencialismo brasileiro*, normativamente consistente frente às disfuncionalidades, passa pela opção por um modelo *premier* puro, em que nem a demissão motivada-genérica, como em Portugal, seja admitida, dados os riscos de deturpação de instituto dessa sorte. Seria o caso, por exemplo, de evitar a previsão constitucional de destituição para "assegurar o regular funcionamento das instituições democráticas", ou "garantia da lei e da ordem", dentre outros congêneres.

A bem da verdade, é mais do que legítimo que o presidente exerça sua influência no governo: isto se dá, contudo, dentre outras formas tidas por adequadas, a partir da fulcral escolha de seu primeiro-ministro. E a sustentabilidade política deste perante a legislatura confere organicidade suficiente ao sistema.

Uma última observação. Nas discussões do GTSISGOV, cogitou-se uma alternativa engenhosa para conferir ao presidente da República algum grau de participação no processo: atribuir-lhe iniciativa para a apresentação de moção de desconfiança, além dos parlamentares, é claro.[323] O juízo de responsabilidade permaneceria limitado ao Congresso, que efetivamente deliberaria e decidiria acerca da moção. Não se trata de uma prerrogativa comum em modelos de subtipo *premier*,[324] mas conserva sua essência e pressupõe, em alguma medida, o uso comedido, dado o cálculo de credibilidade que perpassaria tal apresentação.

Entende-se que é uma opção possível para a conformação, que se atenta para as dificuldades reais de uma custosa transição política. O importante, adverte-se enfaticamente, é evitar a opção pelo modelo *president-parliamentary*.

---

[321] A percepção é compartilhada por Gianfranco Pasquino (2007).
[322] No caso português, considera-se que não há o avanço pós-1982. Pragmaticamente, seria o retorno a uma proposta de desempenho democrático menos promissor. O passo correto, compreende-se, já foi dado na aludida reforma constitucional.
[323] BRASIL, [2022], p. 49.
[324] Não é o caso da França e de Portugal, tampouco de outros países brevemente consultados, tais como Polônia, Timor-Leste e Egito. A regra é que a iniciativa seja privativa de, no mínimo, determinada fração do parlamento.

3.3.4 Contrato de coalizão

Identificar a base do presidente da República no Brasil é tarefa digna de insônia até para os próprios responsáveis pela articulação política do governo. Dentro do parlamento, em que a inconsistência do apoio por vezes é regra, e não exceção, os próprios parlamentares podem ter dificuldades de qualificar o real enquadramento de determinado colega, como eventualmente até de uma bancada ou bloco. Quantas ou quais votações precisam consultar para se certificar de determinado posicionamento? Esta pergunta não deveria sequer ter de ser feita.

A identificação pela população brasileira é ainda mais nebulosa, pelo que escapa ao eleitor médio eventuais acordos internos para votações específicas. A dinâmica partidária no presidencialismo de coalizão, atrelada a outros fatores que escapam ao objeto desta pesquisa, comporta distorções, incertezas e falta de transparência.

O Brasil possui experiências caricatas de incongruência partidária. Vejamos apenas três exemplos recentes. Na Bahia, o governador eleito em 2019, Rui Costa (PT/BA), teve como vice João Leão (PP/BA). Não se questiona que o PP era um dos partidos de sustentação do então Presidente, Jair Bolsonaro: era o partido do Líder do Governo na Câmara dos Deputados, do candidato presidencial ao comando da Casa em 2021 e do então Ministro-Chefe da Casa Civil. Não é de se espantar o apoio de João Leão a Bolsonaro:[325] o curioso é que estivesse coligado, em 2019, com o Partido dos Trabalhadores, cujo líder era o adversário central de Bolsonaro.

No Rio de Janeiro, o Governador reeleito Cláudio Castro (PL/RJ) tinha em sua chapa, formalmente, o Senador reeleito Romário (PL/RJ), mas há indícios de que seu candidato predileto para a vaga fosse André Ceciliano (PT/RJ), apoiado por Lula.[326] O próprio ex-presidente Bolsonaro declarou voto em outro candidato que não o do Partido Liberal.[327]

Em Minas Gerais, a composição dos blocos na Assembleia Legislativa teve, do início da presente legislatura até a janela partidária de 2022, o Partido Liberal e o Partido dos Trabalhadores caminhando juntos.[328] O PL, portanto, compôs por anos o bloco de oposição ao

---
[325] ROCHA, 2022.
[326] VIEGAS, 2022; BRAGA, 2022.
[327] JAIR..., 2022.
[328] MINAS GERAIS, 2019.

Governador reeleito Romeu Zema (Novo/MG), ao lado do PT e demais partidos identificados pela esquerda, como PSOL, PCdoB e Rede.

No Congresso Nacional, são incontáveis os episódios de votações contraditórias, seja por parte de indivíduos, bancadas ou blocos. Episódios que afastam do eleitor a legítima compreensão daquilo que se deveria qualificar como base e oposição. Sabe-se que é custosa a tarefa de compor uma base de apoio no parlamento brasileiro. Mas, como ponderado, mais hermética ainda é sua identificação por parte do eleitorado e demais atores envolvidos.

Retomando o questionamento, no modelo de hoje, quem é a base do governo? É aquela que acompanha o presidente rigorosamente em todas as matérias? É aquela que o acompanha na maioria das oportunidades? Somente nas matérias orçamentárias? Em matérias de costume? O núcleo de apoio, hoje, é de identidade desconhecida. Desconhecida e situada no tempo, visto que sua composição pode ser alterada a cada rodada de votação substantiva.

A bem da verdade, o presidencialismo brasileiro não oferece estímulos à corresponsabilidade governativa dos mandatários eleitos para preencher as duas instâncias de representação política nacional. E essa é uma disfuncionalidade elementar do sistema. É alta probabilidade de que um presidente seja eleito com um determinado plano de governo e de que os parlamentares, inclusive os da suposta base, atuem pautados por outras prioridades. Sejam elas decorrentes de compromissos firmados com o eleitorado local durante campanha, no curso do mandato, por acordos pontualmente firmados, ou mesmo por compreensões ideológicas individuais.

Essa circunstância, por óbvio, fragiliza o governo. A cada rodada substantiva, o presidente encontra-se sujeito a perder, aberta ou veladamente, partes de sua base de apoio parlamentar. A implementação do programa presidencial de governo resta, naturalmente, prejudicada, visto que seus supostos apoiadores no Congresso não necessariamente o assumem como sua, priorizando demandas pontuais adversas.

Muito já se abordou, aqui, quanto ao tema do compartilhamento de responsabilidades. E essa lógica deve ser estendida à dinâmica partidária. A despeito da necessária discussão aprofundada do sistema partidário, naquilo que interage concomitante com a opção por um outro sistema de governo, nos parece claro que nossa opção atual não estimula a consistência das agremiações partidárias quanto ao exercício de sua atuação precípua.

O quadro pode mudar, fundamentalmente, caso os partidos tenham de compartilhar explicitamente a responsabilidade por um programa de governo *compactuado* entre os pilares que componham a base do governo no Congresso. Caso a formação da maioria seja feita às claras, a população elege o presidente, credenciando-o a escolher um primeiro-ministro apoiado, com transparência, por maioria parlamentar que dará a ele sustentação nas ações governamentais e consequente alcance das finalidades administrativas.

A consistência normativa do semipresidencialismo, especialmente diante do disfuncional cenário brasileiro, pressupõe a previsão do instituto denominado *contrato de coalizão*. Dele decorre outro instituto relevante, que denominamos *programa de governo compactuado*.

A conformação de ambos deve atender à seguinte ordem: antes da indicação do primeiro-ministro pelo presidente, os partidos políticos que integrarão a maioria parlamentar formalizam o contrato, cuja essência identifica as prioridades e agendas fundamentais, leia-se, o norte para a posterior estruturação do programa de governo a ser executado pelo gabinete.[329]

A ordem dos fatores, nesse caso, altera o produto. O contrato deve ser celebrado *antes* da nomeação. No processo de confirmação, portanto, é de conhecimento dos partidos o conteúdo basilar do eventual programa de governo daquele primeiro-ministro. Este, por sua vez, assume o compromisso de apresentar, posteriormente, programa de governo ancorado no respectivo contrato de coalizão, acordado pela maioria que o sustentará. O programa compactuado é primeiramente apresentado ao chefe de Estado, que, aprovando-o, apresenta-o ao Congresso, onde será objeto de ampla discussão, da qual tomará parte todo o gabinete nomeado.

A previsão do contrato seria constitucional, ao lado das demais instituições semipresidenciais. Já sua regulamentação comporta previsão infraconstitucional. Os requisitos e a estrutura básica interna, por exemplo, cujo escopo decerto perpassa os eixos temáticos, as ações prioritárias e as eventuais reformas estruturais que se apresentem necessárias para o gabinete.

O primeiro instituto, que vincula o segundo, busca assegurar, desde o primeiro momento, um cenário de estabilidade, previsibilidade

---

[329] O ponto também foi objeto de diálogo com integrantes do GTSISGOV, inclusive quanto à ordem da configuração ali proposta.

e segurança para o futuro primeiro-ministro, cuja maioria estaria, em tese, comprometida com a governabilidade do país.

Na conformação atual, o presidente enfrenta dificuldades crônicas para efetivar seu programa de governo. Acaba por se valer de instrumentos não republicanos na busca pelo apoio parlamentar: o compartilhamento de cargos do primeiro ao terceiro escalão, além, é claro, da concessão de emendas parlamentares. Como bem advertia Luís Roberto Barroso, "Executivo e Legislativo se envolvem em negociações personalizadas, nas quais muitas vezes o interesse público cede aos interesses eleitorais, quando não a objetivos privados ou patrimoniais".[330]

Esses aspectos esclarecem um típico caso em que o núcleo normativo do semipresidencialismo se apresenta como alternativa ao presidencialismo brasileiro. Naquele, verifica-se o mútuo processo de controle nas relações entre as instâncias políticas, marcado pela corresponsabilidade governativa entre os poderes. Abre-se o caminho para que *agremiações* partidárias se qualifiquem como verdadeiros partidos políticos, já que toda a atuação do governo está vinculada ao parlamento: aumenta não só a responsabilidade da base, como também da oposição.

Importa ressaltar que, mesmo em países com sistemas partidários estabilizados, o instituto do contrato de coalizão é de grande valia. No Brasil, entendemos que é um pressuposto para conformação de um semipresidencialismo que reconheça e responda normativamente às disfuncionalidades. Não apenas pelo quadro exposto, como pela advertência consignada no final do primeiro capítulo, em que se ponderaram prós e contras genéricos do sistema.

A quarta desvantagem ali identificada reside no problema do *governo minoritário dividido*. Cindy Skach define o termo como situação em que "nem o presidente, nem o primeiro-ministro, nem qualquer partido ou coligação gozam de uma maioria substantiva na legislatura".[331] Segundo a autora, esse cenário denota o tipo de semipresidencialismo mais propenso a conflitos, porquanto caracterizado pelo imobilismo legislativo oposto ao domínio presidencial contínuo.

O problema do *governo minoritário dividido* enfatiza um tipo específico de conflito interno entre o Executivo e o Legislativo: aquele advindo de situações em que a legislatura é ou está altamente fragmentada, em que não existe uma maioria legislativa estável ou coesa.

---

[330] BARROSO 2006, p. 35.
[331] SKACH 2005, p. 17.

Como dito, a preocupação central com essa situação é que governar se torna difícil para todos: para o presidente, para o primeiro-ministro e para o Legislativo. Surge um impasse material, representado pelo *vácuo de poder*. E o presidente, ou os militares podem ser tentados a preenchê-lo e governar por decretos. Escapa, portanto, ao campo da governabilidade e devida execução das políticas públicas.

Quando nenhuma maioria legislativa se conforma enquanto maioria presidencial, eleva-se a probabilidade de que se tente governar sem ou contra a legislatura, de dissolvê-la e buscar uma nova maioria e, em fracassos sucessivos, até mesmo de dissolver o próprio parlamento, seja de modo literal, seja pelo esvaziamento expressivo de suas competências. A dominação presidencial, marcada pela redução substantiva do número de envolvidos na tomada de decisões, geralmente se desenvolve por regras expansivas dos poderes excepcionais de decreto ou similares, como substitutos do devido processo legislativo – e, em última análise, da própria maioria legislativa.

O risco de estreitamento decisório representaria a persistência, ou agravamento, das disfuncionalidades do presidencialismo de coalizão. E o semipresidencialismo, é claro, deve ser uma alternativa que ofereça soluções, não o contrário. É nesse sentido que os institutos aqui pormenorizados entram na equação. Para que esse componente parlamentarista herdado pelo sistema híbrido, qual seja, a formação transparente e funcional das maiorias, seja efetivamente aproveitado.

Não se espera que o contrato de coalizão resolva todos os problemas de relacionamento institucional entre os poderes. Seria uma ingenuidade político-intelectual assim proceder. O que se espera é que a relação entre o chefe de governo e o parlamento, pautada pela vinculação pública e objetiva, se torne mais programática e pragmática. Que os partidos políticos efetivamente formem e participem do governo.

Ao lado das duas questões anteriores – responsabilização do primeiro-ministro limitada ao parlamento e papel institucional do Senado Federal –, identificamos, aqui, um conjunto essencial de questões a serem equacionadas para a conformação de um *semipresidencialismo brasileiro*. Outros elementos decerto merecem alguma atenção. A predileção das três, no entanto, pautou-se pela confluência de uma série de substratos identificados ao longo da pesquisa, ciente de suas próprias limitações.

CONCLUSÃO

O presidencialismo brasileiro, ou de coalizão, tem se demonstrado cada vez mais disfuncional. Duas razões convergem para tanto. A primeira diz respeito à falta de mecanismos adequados de responsabilização política daquele que chefia o governo. Leia-se, a falta de mecanismos adequados para a contenção de impasses e crises políticas localizadas. A segunda é identificada na falta de estímulos à corresponsabilidade governativa. Na propensão sistêmica ao embate, marcada pela ausência de mútuo processo de controle nas relações entre as instâncias políticas.

Quanto à primeira, lembramos que um presidente não deve governar com a sombra de um *impeachment*, pois não se presume que ele esteja cometendo crime de responsabilidade a todo momento. E que *impeachment não* é voto de desconfiança. Quanto à segunda, lembramos que a resposta do Legislativo à superconcentração de poderes no Executivo, ou o avanço em situações de fragilidade presidencial, não pode ocorrer sem contrapartida – é bem dizer, para além confiança do eleitor, que, num sistema proporcional de lista aberta, raramente os identifica.

Ambas remetem à noção de responsabilidade. Falta responsabilização adequada para o Executivo, falta responsabilidade parlamentar e falta corresponsabilidade governativa entre ambos. Reitero, com as palavras de Nelson Jobim, que não se trata de identificar um sistema "bom ou mau", mas um sistema que "funciona e deixa de funcionar". Parece-me claro que o presidencialismo de coalizão, nesse sentido, *deixou de funcionar*.

Como alternativa, tem ganhado força a adoção do semipresidencialismo – sistema de governo em que a Constituição prevê a coexistência de um presidente eleito diretamente, com mandato fixo, e um governo exercido por um primeiro-ministro e seu gabinete, coletivamente responsáveis perante a legislatura. Demonstramos o porquê.

Trata-se de um sistema híbrido, em que pese autônomo, que condensa duas qualidades notáveis dos sistemas tradicionais. Do presidencialismo, herda a presença de um chefe de Estado eleito diretamente, que goza de ampla legitimidade democrática e conserva na população o senso de identificação e representação real – tão importante para a cultura institucional, social e política do Brasil. Do parlamentarismo, herda os mecanismos céleres de substituição do governo, sem que crises políticas localizadas se convertam em crises institucionais de maior gravidade. Paralelamente, afasta disfuncionalidades claras de ambos, tais como a concentração unipessoal do poder.

Identificamos, ao longo da pesquisa, que o núcleo normativo do semipresidencialismo pode ser abreviado em dois elementos: *flexibilidade* e *corresponsabilidade*. É de sua essência desde o mútuo processo de controle, da confiança parlamentar, como pressuposto de manutenção do governo, à eventual e excepcional dissolução da legislatura. O presidente não se desvincula do governo; o primeiro-ministro vincula-se à maioria parlamentar; e o parlamento, ao governo e ao presidente.

O sistema apresenta, concomitantemente: (i) mecanismos adequados para a contenção de impasses políticos localizados e (ii) estímulos à corresponsabilidade governativa, pelo compartilhamento cruzado de poderes e responsabilidades, em que se destaca a responsabilidade conferida ao parlamentar, individualizado, como partícipe da execução do plano de governo, atrelado ao compromisso programático e partidário.

Parece-me clara a contraposição: o núcleo normativo do semipresidencialismo prevalece sobre as adversidades estruturais do atual modelo de presidencialismo brasileiro, pelo que *pode* se apresentar como alternativa normativamente consistente e promissora.

No entanto, assim como os sistemas puros, possui experiências de sucesso e fracasso democrático, o que impõe análise cuidadosa a partir das particularidades histórico-institucionais de cada país. Particularidades que devem ser ponderadas com as recomendações substantivas advindas da teoria geral e das experiências comparadas – França, Portugal e Rússia –, dentre outras avaliadas em menor escala. Discuti-las e considerá-las é a chave para qualificar uma eventual mudança em nosso sistema de governo. É nesse sentido que chegamos à proposta de conformação de um *semipresidencialismo brasileiro*.

Registramos algumas questões preliminares. Na primeira delas, quanto ao eventual enquadramento do presidencialismo como cláusula pétrea, concluímos não serem sustentáveis os argumentos, seja pela leitura expansiva da cláusula de separação dos poderes, seja pela compreensão de que o plebiscito de 1993 teria sepultado qualquer discussão sobre o sistema de governo. A cláusula, a bem da verdade, representa a impossibilidade de um poder se expandir a ponto de subjugar o outro, o que evidentemente não é o caso do semipresidencialismo como sistema *democrático* de governo. Tampouco se observa como limite implícito: seria inadmitir que uma nova geração tenha legitimidade democrática para ponderar erros e buscar alternativas, ainda que adstritos aos pressupostos do funcionamento democrático da política.

A segunda pautou-se pela suposta necessidade jurídica de consulta popular, como requisito procedimental da eventual proposta de emenda. Concluímos que atrelar a mudança do sistema de governo, especificamente para o semipresidencialismo, à opção do plebiscito, é extrair do art. 2º do ADCT uma racionalidade inexistente. Não se observa a opção irredutível da Constituinte no sentido da imprescindibilidade de consulta, mas sim um *acordo possível,* típico da acomodação de interesses que marcou aquele processo.

A terceira parte do juízo de conveniência política da consulta popular, a cargo do Congresso Nacional. Em que pese se possa conceber recomendável, não nos parece que seja imprescindível. Concluímos que a elevada complexidade da questão poderia estimular mais desentendimentos, sem entrar no mérito dos benefícios institucionais da alteração. Evidente que uma decisão dessa magnitude não deve ser tomada por um pequeno grupo de "notáveis", a portas fechadas. Não é o caso, contudo, de uma regular tramitação de proposta de emenda, pelo que se compreendeu que o Congresso detém legitimidade suficiente para aprovar ou rejeitar a mudança.

Na quarta e última, concluímos que a eventual modificação só deve produzir efeitos, pelo menos, na legislatura subsequente. E, caso aprovada em ano de eleições gerais, para a segunda subsequente.

Assentadas tais questões, de cunho formal, passamos às conclusões específicas, das três questões tidas por essenciais à conformação brasileira.

Em primeiro lugar, afirmamos que é preciso encontrar um caminho institucional que conserve parte expressiva da relevância do Senado Federal, sem prejudicar a funcionalidade do sistema. O caminho passa por um arranjo em que o Senado: componha a confiança parlamentar que sustenta o primeiro-ministro; não seja objeto de excepcional dissolução, visto que somente a Câmara dos Deputados poderia formar maioria apta a conceder estabilidade ao governo; e preserve competências, sendo dispensável revisitar todo o processo legislativo, ressalvados eventuais ajustes pontuais em detrimento do imobilismo legislativo.

A segunda parte de substratos empíricos, pelo que se confirma que as democracias com semipresidencialismo de modelo *president-parliamentary* têm um desempenho inferior ao daquelas que escolheram o subtipo *premier-presidential*. A recomendação, portanto, é veementemente contrária à introdução de um modelo *president* no Brasil. A conformação normativamente consistente frente às disfuncionalidades, passa pela opção por um modelo *premier* puro. Vale dizer, por texto constitucional que não acomode a demissão discricionária do primeiro-ministro por parte do presidente.

Por fim, a terceira identifica que a consistência normativa do semipresidencialismo, diante do cenário partidário brasileiro, pressupõe a previsão do instituto denominado *contrato de coalizão*. Dele decorre outro instituto relevante, que denominamos *programa de governo compactuado*. Espera-se que a relação entre o chefe de governo e o parlamento, pautada pela vinculação pública e objetiva, se torne mais programática e pragmática. E que os partidos políticos efetivamente formem e participem do governo.

Equacionadas, pelo menos, essas três questões, a hipótese parece-me confirmada. O semipresidencialismo, de fato, se apresenta como alternativa normativamente consistente e promissora ao presidencialismo brasileiro.

Não acredito em coincidências na política. Não escapa ao trabalho o fato de que a discussão possa, eventualmente, ser promovida por casuísmos. O modelo atual, no entanto, apresenta disfuncionalidades estruturais, para muito além de qualquer interesse personalíssimo. Disfuncionalidades que os padrões de flexibilidade e corresponsabilidade do semipresidencialismo, se conformados à experiência constitucional brasileira, podem combater. Ao que me parece, a proposta merece detida atenção do Congresso Nacional, da sociedade e da academia, rumo ao realinhamento da estabilidade institucional e do relacionamento republicano entre os poderes.

POSFÁCIO

A obra que o leitor acabou de contemplar é fruto da dissertação de mestrado de João Victor Prasser. Numa banca prestigiada, em que participei como examinador interno da Universidade do Estado do Rio de Janeiro (UERJ), o trabalho foi aprovado com "distinção" e "recomendação de publicação" – tal como aqui se materializou.

Antes mesmo de iniciar a leitura, já é possível atestar a coragem intelectual do autor, dada a escolha do tema. Sabe-se que alterações no sistema de governo brasileiro vêm sendo ventiladas e defendidas por nomes de proa do cenário político-jurídico nacional: José Sarney, Michel Temer, Gilmar Mendes, Luís Roberto Barroso e Nelson Jobim – apenas para citar alguns.

A Teoria Geral do Estado e o Direito Constitucional talvez sejam, para os juristas, os campos epistemológicos que mais tenham vocação para desenvolverem-se de forma concomitante ao desenvolvimento político das organizações estatais.

Mas somente uma pesquisa que fosse capaz de recolher dados das ciências sociais, de identificar os elementos históricos que formatam a soberania em nosso país, de sondar tanto as bases filosóficas e sociológicas do nosso povo quanto os dilemas que singularizam o processo decisório de nossas instituições públicas poderia verdadeiramente reclamar o mérito de poder ter chegado próximo de *propor* uma alternativa normativamente consistente e promissora ao presidencialismo brasileiro.

Esta, contudo, seria uma tarefa severamente hercúlea, impossível de depositar sobre os ombros de um mestrando premido por prazos e cortes epistemológicos rigorosos. Em verdade, essa é uma tarefa que será realizada no tempo, a muitas mãos, o que, portanto, não retira o mérito da obra de João Victor Prasser.

Debruçar-se sobre um tema nessas circunstâncias demonstra, portanto, no meu modo de ver, uma das características mais importantes para um jovem acadêmico: o atrevimento. O candidato ao título de Mestre precisa ser inteligente. Precisa ser curioso. Mas também precisa ser atrevido. João reúne, como poucos, essas três virtudes.

No decorrer da leitura, fica claro que o autor foi capaz de identificar com precisão o problema que pretendia enfrentar. A partir de uma contraposição constante entre as disfuncionalidades que mapeou no presidencialismo de coalizão e o núcleo normativo do semipresidencialismo, desenvolveu coerentemente suas ideias. E o fez demonstrando não só domínio teórico, como também capacidade de pesquisa, raciocínio e construção argumentativa.

Falar de semipresidencialismo num país de peculiaridades institucionais como o Brasil não é tarefa singela, como testemunham os inúmeros elementos acima listados. Diversas complexidades, sejam elas de cunho histórico, político, sociocultural, material ou formal, permeiam o debate. Parece-me certo que duas delas merecem detida atenção – e ambas têm passado relativamente despercebidas, quando o tema emerge no debate público nacional.

A primeira foi introduzida pelo autor no terceiro capítulo e diz respeito ao posicionamento institucional do Senado Federal. A identificação desse grande gargalo pela pesquisa de João Victor Prasser reflete os proveitosos diálogos que tivemos sobre o assunto nos primórdios da escrita deste trabalho, assim como a vertical arguição a que foi submetido pela Banca Examinadora.

O tema impõe sérios obstáculos pragmáticos à aprovação de uma emenda constitucional nesse sentido. Isso porque o histórico institucional do semipresidencialismo está fortemente ligado a uma atividade parlamentar concentrada nas câmaras baixas. Não há, no mundo, país semipresidencialista que apresente uma câmara alta minimamente expressiva tal como nosso Senado da República.

Nos países semipresidencialistas em que vigora o bicameralismo, os processos de confirmação e retirada do primeiro-ministro são de competência privativa das respectivas câmaras baixas; e a prerrogativa de excepcional dissolução da legislatura por parte do presidente restringe-se a elas, não alcançando as respectivas câmaras altas. Ali, o processo legislativo divide-se, em regra, em casa iniciadora e revisora.

Já na experiência constitucional brasileira, sobretudo no arranjo contemporâneo, o Senado detém uma gama de competências incompatível com o modelo regularmente observado nesse sistema híbrido de governo. Vale dizer: os senadores teriam de renunciar ao seu tradicional papel institucional, a partir de uma redistribuição substantiva do poder político.

Para além disso, semipresidencialismo e *federalismo* não costumam figurar no mesmo capítulo, seja nos livros de história, seja nos de ciência política, seja nos de Teoria do Estado. Como bem pondera o autor, apenas Áustria e Rússia combinam essas fórmulas – com o adendo de que a Áustria, além de ser um país geograficamente pequeno, adota uma fórmula fraca do modelo; e a Rússia, embora de dimensão continental, apresenta o arranjo apenas no texto constitucional. Não temos, assim, experiência real ou duradoura de países federados verdadeiramente semipresidencialistas.

Como pensar, portanto, na adoção do semipresidencialismo no Brasil? O autor tentou, de forma engenhosa, desenhar um "semipresidencialismo à brasileira". Mas, pelas próprias limitações da pesquisa, discorreu de modo incipiente sobre o tema do Senado, a despeito de mapear corretamente os problemas. Não restam dúvidas de que somente esse tópico poderia justificar uma obra inteira, tamanhas as dificuldades.

Já a segunda complexidade reside numa palavra pouco explorada pelo autor: *orçamento*. Veja-se que o Poder Executivo é fundamentalmente marcado por três grandes características: (i) a gestão administrativa, com a condução da máquina pública; (ii) o controle da execução orçamentária; e (iii) a responsabilidade – sobretudo pelo manuseio do orçamento, a partir de um determinado arcabouço fiscal.

O autor abordou, com propriedade, a ausência de responsabilidade jurídica do parlamentar em nosso modelo, como partícipe individualizado, bem como a falta de estímulos à corresponsabilidade governativa entre as instâncias políticas. Ao tratar de uma propensão sistêmica ao embate, caracterizada pela ausência do mútuo processo de controle – leia-se, confiança parlamentar como pressuposto de manutenção do governo e excepcional dissolução da legislatura –, situou o tensionamento que se tem observado ao longo dos últimos anos na República.

Contudo, parece escapar ao autor que grande parte desse desgaste reside, precipuamente, na formulação do orçamento da União. Esse é um problema do nosso presidencialismo que persistiria num eventual semipresidencialismo, se não equacionado com elevada sensibilidade institucional.

Pensar o semipresidencialismo no Brasil sem solucionar nossos grandes impasses orçamentários é como construir uma casa sobre a areia. O tema é decerto espinhoso, mas merecerá detida atenção, se um dia a proposta retornar ao debate público brasileiro.

Minhas sinceras saudações ao autor pela coragem e pelo rigor científico, com votos de que essas reflexões o auxiliem nos próximos passos de sua ascendente trajetória acadêmica.

Bruno Dantas
Ministro Presidente do Tribunal de Contas da União (TCU). Pós-Doutorado em Direito pela UERJ. Doutor e Mestre em Direito pela PUC-SP. Professor da UERJ, da FGV Direito-Rio e da Uninove.

REFERÊNCIAS

ABRANCHES, Sérgio. *Presidencialismo de coalizão*: raízes e evolução do modelo político brasileiro. 1. ed. São Paulo: Companhia das Letras, 2018.

ALEMANHA. [Constitution (1919)]. *The Constitution of the German Reich*, Aug. 1919. Translation of Document 2050-OS Office of U.S. Chief of Counsel. Disponível em: http://s3.amazonaws.com/cul-hydra/nur/nur01840/pdfs/nur01840.pdf. Acesso em: 8 ago. 2022.

ALEMANHA. Germany 1949 (rev. 2014). *Constitute*, [1949]. Disponível em: https://www.constituteproject.org/constitution/German_Federal_Republic_2014?lang=en. Acesso em: 19 out. 2022.

ASSEMBLEIA NACIONAL. *Les Faits*, [2022]. Disponível em: https://www2.assemblee-nationale.fr/decouvrir-l-assemblee/juniors/histoire/1958-1981-de-l-installation-de-la-ve-republique-a-la-premiere-alternance/les-faits. Acesso em: 11 ago. 2022.

ASSEMBLEIA DA REPÚBLICA. Moção 1/XIII/1. Moção de Rejeição ao XX Governo Constitucional. *DAR* II, série A, n. 6, 10 nov. 2015, da 1ª SL da XIII Leg, p. 2-4. Disponível em: https://www.parlamento.pt/ActividadeParlamentar/Paginas/Detalhe-Mocao.aspx?BID=100934&ACT_TP=MOC. Acesso em: 19 out. 2022.

ASSEMBLEIA DA REPÚBLICA. 45 anos da Constituição, [2022]. Disponível em: https://www.parlamento.pt/Parlamento/Paginas/45-anos-constituicao.aspx. Acesso em: 24 set. 2022.

ÅSLUND, Anders. Russia's Economic Transformation under Putin Anders. *Taylor and Francis Online*, v. 45, 2004. Disponível em: https://doi.org/10.2747/1538-7216.45.6.397. Acesso em: 8 jun. 2022.

ÁUSTRIA. [Constituição (1920)]. Austria 1920 (reinst. 1945, rev. 2013). *Constitute*, [1945]. Disponível em: https://www.constituteproject.org/constitution/Austria_2013?lang=en. Acesso em: 19 out. 2022.

BARON, Frank. Les Cohabitation. *Vie Publique*, [2022]. Disponível em: http://www.ladocumentationfrancaise.fr/dossier-actualite/cohabitation/velours.shtml. Acesso em: 30 ago. 2022.

BARROSO, Luís Roberto. *A reforma política*: uma proposta de sistema de governo, eleitoral e partidário para o Brasil. Instituto Ideias – Direito do Estado e Ações Sociais, 2006. Disponível em: https://edisciplinas.usp.br/pluginfile.php/5588083/mod_resource/content/1/Texto%20Barroso%20Sistema%20de%20Governo%2C%20eleitoral%20e%20partid%C3%A1rio.pdf. Acesso em: 23 set. 2022.

BARROSO, Luís Roberto. *Curso de direito constitucional* contemporâneo: os conceitos fundamentais e a construção de um novo modelo. 7. ed. São Paulo: Saraiva, 2018.

BEYTOUT, Nicolas. La cohabitation de velours. *Les Echos*, 30 mars. 1993. Disponível em: https://www.lesechos.fr/1993/03/la-cohabitation-de-velours-1042027.

BONIFÁCIO, Maria de Fátima. A Revolução de 9 de setembro de 1836: a lógica dos acontecimentos. *Análise Social*, v. XVIII, n. 71, p. 331-370, 1982.

BOTELHO, Catarina Santos. A história faz a constituição ou a constituição faz a história? – reflexões sobre a história constitucional portuguesa. *Revista do Instituto de Direito Brasileiro*, Lisboa, v. 2, n. 1, p. 229-247, 2013. Disponível em: https://papers.ssrn.com/sol3/papers.cfm?abstract_id=2911122. Acesso em: 23 set. 2022.

BOYRON, Sophie. *The Constitution of France: A Contextual Analysis*. Oregon: Hart Publishing, 2013.

BRAGA, Juliana. No Rio, cola traz números do petista Ceciliano e do bolsonarista Claudio Castro. *Folha de São Paulo*, São Paulo, 30 nov. 2022. https://www1.folha.uol.com.br/colunas/painel/2022/09/no-rio-cola-traz-numeros-do-petista-ceciliano-e-do-bolsonarista-claudio-castro.shtml. Acesso em: 12 out. 2022.

BRASIL. [Constituição (1988)]. *Constituição da República Federativa do Brasil de 1988*. Brasília, DF: Presidência da República, [1988]. Disponível em: http://www.planalto.gov.br. Acesso em: 19 out. 2022.

BRASIL. *Relatório do "grupo de trabalho destinado a analisar e debater temas relacionados ao sistema de governo semipresidencialista"* – GTSISGOV, [2022]. Disponível em: https://www.camara.leg.br/proposicoesWeb/prop_mostrarintegra;jsessionid=node01fpl8hculity19pnfdzfdhh1u16668514.node0?codteor=2197846&filename=REL+2/2022+GTSISGOV. Acesso em: 19 out. 2022.

BUSYGINA, Irina. Federalism in Russia: outcomes of the decade 1993-2003 and the newest developments. *In*: MALFLEIT, Katlijn; LAENEN, Ria (ed.). *Elusive Russia. Current Developments in Russian State Identity under President Putin*. Leuven: Leuven University Press, 2007.

CABRITA-MENDES, André. A austeridade de Passos em tempo de crise. *SAPO*, 30 nov. 2018. Disponível em: https://poligrafo.sapo.pt/economia/artigos/as-medidas-mais-polemicas-do-primeiro-orcamento-de-passos-coelho. Acesso em: 17 out. 2022

CAMPOS, Francisco. *O Estado Nacional*. Brasília: Senado Federal. 2001. (Coleção Biblioteca Básica Brasileira).

CANADÁ. Canada 1867 (rev. 2011). *Constitute*, [1867]. Disponível em: https://www.constituteproject.org/constitution/Canada_2011?lang=en. Acesso em: 19 out. 2022.

CANOTILHO, J. J. Gomes. *Direito constitucional e teoria da Constituição*. 7. ed. Coimbra: Almedina, 2003.

CANOTILHO, J. J. Gomes; MOREIRA, Vital. *Constituição da República Portuguesa anotada*. 4. ed. Coimbra: Coimbra Editora, 2014. v. II.

CARCASSONE, Guy; GUILLAUME, Marc. *La Constitution*: introduite et commentée. 12 ed. Paris: Editions Seuil, 2014.

CARRIER-KRETSCHMER, Erin; HOLZWART, Kathleen. Putin's Popularity Propels Chosen Successor in Russian Election. *Pew Researcher Center*, 27 Feb. 2008.

CHUBAROV, Alexander. *The Fragile Empire*: A history of Imperial Russia. 1st ed. London: Continuum Intl Pub Group, 2001.

COHENDET, Marie-Anne. L'arbitrage du Président de la République. *Archives de Philosophie du Droit*, v. 52, 2009. Disponível em: http://www.philosophie-droit.asso.fr/APDpourweb/1271.pdf. Acesso em: 8 ago. 2022.

COLE, Alistair. Michel Rocard: The man who never became President. *Presidential Power*, 11 Jul. 2016.

COMISSÃO EUROPEIA PELA DEMOCRACIA. *Russian Federation Constitution*. Opinion nº 992/2020 Estrasburgo, 4 Feb. 2021. Disponível em: https://rm.coe.int/constitution-of-the-russian-federation-en/1680a1a237. Acesso em: 12 jun. 2022.

CONFÉRENCE de presse du 31 janvier 1964. *Charles De Gaulle paroles publiques*, 31 jan. 1964. Disponível em: https://fresques.ina.fr/de-gaulle/fiche-media/Gaulle00382/conference-de-presse-du-31-janvier-1964.html#:~:text=Au%20cours%20d'une%20conf%C3%A9rence,relations%20normalis%C3%A9es%20avec%20la%20Chine. Acesso em: 9 ago. 2022.

CRUZ, Gabriel Soares. *Constituição, instituições e performance*: um olhar da prática constitucional do Supremo Tribunal Federal a partir do reconhecimento da parceria civil homoafetiva. 2017. Dissertação (Mestrado em Direito) – Faculdade de Direito, Universidade Federal de Minas Gerais, Belo Horizonte, 2017.

CURTIS, Glenn. *Russia*: A Country Study. Washington, D.C.: Federal Research Division, Library of Congress, 1998. Disponível em: https://www.loc.gov/item/97007563. Acesso em: 1 jun. 2022.

DANTAS, Bruno; TAVARES, André Ramos. Bicameralismo só no papel? *ConJur*, 2 jun. 2013. Disponível em: https://www.conjur.com.br/2013-jun-02/andre-ramos-tavares-bruno-dantas-bicameralismo-papel2. Acesso em: 6 dez. 2022.

DÉCISION nº 62-20 DC du 6 novembre 1962. *Conseil Constitutionnel*, 1962. Disponível em: https://www.conseil-constitutionnel.fr/decision/1962/6220DC.htm. Acesso em: 11 ago. 2022.

DEMONY, Catarina; GONÇALVES, Sérgio. Portugal heads to polls on Jan. 30, political stability fades. *Reuters*, 4 Nov. 2021. Disponível em: https://www.reuters.com/world/europe/portuguese-president-calls-snap-general-election-jan-30-2021-11-04/. Acesso em: 11 ago. 2022.

DERDAELE, Elodie. *Droit constitionnel*, [2022]. Disponível em: http://www.droitconstitutionnel2.fr/411846858. Acesso em: 24 ago. 2022.

DESAI, Padma. *Conversations on Russia*: Reform from Yeltsin to Putin. Oxford: Oxford University Press, 2006.

DISCOURS devant le Conseil d'État, 27 août 1958. *Digithèque MJP*, 2006. Disponível em: https://mjp.univ-perp.fr/textes/debre1958.htm#:~:text=Discours%20devant%20le%20Conseil%20d'%C3%89tat%2C%2027%20ao%C3%BBt%201958&text=La%20d%C3%A9faillance%20de%20nos%20institutions,n'arrivaient%20point%20%C3%A0%20corriger. Acesso em: 8 ago. 2022.

DUNPHY, Harry. Mitterrand Dissolves Assembly and Calls Election. *The New York Times*, 15 May 1998. Disponível em: https://www.nytimes.com/1988/05/15/world/mitterrand-dissolves-assembly-and-calls-elections.html. Acesso em: 28 ago. 2022.

DUVERGER, Maurice. A new political system model: semi-presidential government. *European Journal of European Research*, v. 8, n. 2, p. 165-187, 1980.

DUVERGER, Maurice. *Echec au roi*. Paris: Albin Michel, 1978.

DUVERGER, Maurice. *Institutions politiques et droit constitutionnel*. 11. ed. Paris: Presses, Universitaires de France, 1970.

DUVERGER, Maurice. *Les partir politiques*. Paris: Armand Colin, 1951.

ELGIE Robert. La cohabitation de longue durde: studying the 1997-2002 experience. *Modern & Contemporary France*, v. 10, n. 3, 2002.

ELGIE Robert. *Semi-Presidentialism*: Sub-Types and Democratic Performance. New York: Oxford University Press, 2011.

ELGIE, Robert. As três vagas de estudo do semipresidencialismo. *In:* PINTO, Antônio Costa; RAPAZ, Paulo José Canelas. *Presidentes e (semi)presidencialismo nas democracias contemporâneas*. Lisboa: Imprensa de Ciências Sociais, 2018.

ELGIE Robert. The classification of democratic regimes: Conceptual ambiguity and contestable assumptions. *European Journal of Political Research*, 1998.

ELGIE Robert. The politics of semi-presidentialism. *In:* Robert ELGIE (ed.). *Semi-Presidentialism in Europe*. Oxford: Oxford University Press, 1999.

FEDERAÇÃO RUSSA. Parliamentary Chamber: Gossudarstvennaya Duma. *Elections Held in 1995*, [2022]. Disponível em: http://archive.ipu.org/parline-e/reports/arc/2263_95.htm. Acesso em: 20 jun. 2022.

FEIJÓ, Rui Graça. Pecados, virtudes e bruxaria institucional no semipresidencialismo: articulações entre o sistema de governo e a construção de um estado democrático em Timor-Leste. *In:* PINTO, Antônio Costa; RAPAZ, Paulo José Canelas. *Presidentes e (semi)presidencialismo nas democracias contemporâneas*. Lisboa: Imprensa de Ciências Sociais, 2018.

FENBY, Jonathan. *The General*: Charles de Gaulle and the France He Saved. New York: Simon & Schuster, 2010. E-book.

FERNANDES, Bernardo Gonçalves Alfredo. *Curso de direito constitucional*. 10. ed. Salvador: JusPodivm, 2018.

FERNANDES, Jorge; JALADI, Carlos. Uma presidência renovada? O semipresidencialismo português e as eleições de 2016. *In:* PINTO, António Costa; RAPAZ, Paulo José Canelas. *Presidentes e (semi)presidencialismo nas democracias contemporâneas*. Lisboa: Imprensa de Ciências Sociais, 2018.

FERREIRA FILHO, Manoel Gonçalves. *O parlamentarismo*. São Paulo: Saraiva, 1993.

FORMERY, Simon-Louis. *La Constituition comentée*: article par article. Paris: Hachette Supérieur, 2018.

FORUM OF FEDERATIONS. *Federal Countries*, [2022]. Disponível em: http://forumfed.org/federal-countries/. Acesso em: 15 out. 2022.

FRANCE GDP 1960-2022. *Macrotrends*, [2022]. Disponível em: https://www.macrotrends.net/countries/FRA/france/inflation-rate-cpif. Acesso em: 26 ago. 2022.

FREIRE, André; SANTANA-PEREIRA, José. O sistema semipresidencial português em tempos de crise, 2011-2016: um presidente entre a responsabilidade internacional e a responsividade face aos eleitores *In:* PINTO, António Costa; RAPAZ, Paulo José Canelas. *Presidentes e (semi)presidencialismo nas democracias* contemporâneas. Lisboa: Imprensa de Ciências Sociais, 2018.

GARCIA, Fernando Couto. O semipresidencialismo e a cante da Yeltsin. *ConJur*, 1 jan. 2022. Disponível em: https://www.conjur.com.br/2022-jan-01/fernando-garcia-semipresidencialismo-caneta-yeltsin. Acesso em: 18 jun. 2022.

GDP: linked series (current LCU) – Portugal. *The World Bank Data*, [2019]. Disponível em: https://data.worldbank.org/indicator/NY.GDP.MKTP.CN.AD?end=2019&locations=PT&start=1960. Acesso em: 15 out. 2022.

GEORGES Pompidou. President of France. *In:* BRITANNICA. *Encyclopaedia Britannica*. [*S. l.*]: Encyclopædia Britannica, Inc. Corporate Site, [2022]. Disponível em: https://www.britannica.com/biography/Georges-Jean-Raymond-Pompidou. Acesso em: 23 ago. 2022.

GETTY, J. Arch. State and Society Under Stalin: Constitutions and Elections in the 1930s. *Slavic Review*, v. 50, n. 1, p. 18-35, 27 Jan. 2017. DOI: https://doi.org/10.2307/2500596. Acesso em: 2 jun. 2022.

GOLDEY, David; KNAPP, Andre. Time for a change: The French elections of 1981. *Electoral Studies*, 1982. Disponível em: https://reader.elsevier.com/reader/sd/pii/026 1379482901299?token=F676F229E9E8D228F9ECE7F4E71611B92707F95FC2FD8B6A F3193620E0399DF483E692BD6DEB61445C364590A964184E&originRegion=us-east-1&originCreation=20220811185243. Acesso em: 24 ago. 2022.

GOVERNMENT deficit/surplus, debt and associated data. *Eurostat*, [2022]. Disponível em: https://ec.europa.eu/eurostat/databrowser/view/gov_10dd_edpt1/default/line?lang=en. Acesso em: 15 out. 2022

GUSTAVO, Luís. Semipresidencialismo à brasileira, por Antonio Anastasia. *PSDB* (Rio Grande Do Sul), 13 maio 2017. Disponível em: https://www.psdb.org.br/rs/semipresidencialismo-a-brasileira-por-antonio-anastasia/. Acesso em: 8 ago. 2022.

GRUPO PARLAMENTAR PARTIDO SOCIALISTA. *Moção de rejeição nº 1/XIIII*, 10 nov. 2015. Disponível em: https://cdn1.newsplex.pt/media/2015/11/10/499718.pdf?type=M. Acesso em: 19 out. 2022.

HENDERSON, Jane. *The Constitution of the Russian Federation*: A Contextual Analysis. Oregon: Hart Publishing, 2011.

HOFFMAN, David. Citing Economy, Yelstin Fires Premier. *Washington Post Foreign Service*, Moscow, 13 May 1999. Disponível em: https://www.washingtonpost.com/wp-srv/inatl/longterm/russiagov/stories/firing13.htm. Acesso em: 7 jul. 2022.

HOLMES, Stephen. Superpresidentialism and Its Problems. *East European Constitutional Review*, v. 2, n. 4, p. 123-126, 1993.

JAIR Bolsonaro declara voto em Daniel Silveira para o Senado: 'Votei em você, animal'; VÍDEO. *G1*, 2 out. 2022. Disponível em: https://g1.globo.com/rj/rio-de-janeiro/eleicoes/2022/noticia/2022/10/02/jair-bolsonaro-declara-voto-em-daniel-silveira-para-o-senado-votei-em-voce-animal-video.ghtml. Acesso em 12 out. 2022.

JEFFERSON, Thomas. To James Madison from Thomas Jefferson, 6 September 1789. From Thomas Jefferson. Paris, Sept. 6. 1789. *National Archives*, 1789. Disponível em: https://founders.archives.gov/documents/Madison/01-12-02-0248#:~:text=I%20set%20out%20on%20this,%2C%20%26%20reverts%20to%20the%20society. Acesso em 19 out. 2022.

JE préférerais renoncer à mes fonctions que renoncer aux compétences de ma fonction. *Le Monde (Archives)*, 4 mars. 1986. Disponível em: https://www.lemonde.fr/archives/article/1986/03/04/je-prefererais-renoncer-a-mes-fonctions-que-renoncer-aux-competences-de-ma-fonction_2923685_1819218.html. Acesso em: 26 ago. 2022.

LE DISCOURS de Bayeux. *Élyseé*, 1946. Disponível em: https://www.elysee.fr/la-presidence/le-discours-de-bayeux-194. Acesso em: 8 ago. 2022.

LEVY, David A. L.; MARCHIN, Haward. *How Fabius Lost*: the French Elections of 1986 Boston: Government and Opposition, 1986.

LÍDER histórico da extrema direita francesa deixa a vida política. *Istoé Dinheiro*, 14 abr. 2019. Disponível em: https://www.istoedinheiro.com.br/lider-historico-da-extrema-direita-francesa-deixa-a-vida-politica/. Acesso em: 26 ago. 2022.

LIJPHART, Arend. Constitutional Design for Divided Societies. *Journal of Democracy*, v. 15, n. 2, p. 96-109, 2004.

LINZ, Juan. Presidential or Parliamentary Democracy: Does It Make a Difference? *In*: LINZ, Juan J.; VALENZUELA, Arturo (ed.). *The Failure of Presidential Democracy*. Comparative Perspectives. Baltimore: Johns Hopkins University Press, 1994. p. 3-87.

L KLINE. *Yeltsin's Resignation Speech with English Subtitles*. [S. l.: L Kline], 1999. 1 vídeo (4 min e 59 ss). Disponível em: https://www.youtube.com/watch?v=vTsqy18Mbvs. Acesso em: 8 jun. 2022.

LUCENA, Manuel de. Semipresidencialismo: teoria geral e práticas portuguesas. *Análise Social*, v. XXXI, n. 138, p. 831-892, 1996.

MADEJ, Malgorzata. Cohabitations: The Parliamentary Aspect of the French Semi-Presidential System. *Polish Political Science Yearbook*, v. 37, p. 184-207, 2008.

MEDVEDEV e Putin: nas mãos de quem está o poder? *Levada-Center*, 28 set. 2009. https://web.archive.org/web/20110616052841/http://www.levada.ru/press/2009092804.html. Acesso em: 25 jun. 2022.

MENEZES, Paulo de Tarso Duarte; SILVA, Vitória Souza. A fiscalização de constitucionalidade em Portugal: as peculiaridades do controle difuso. *Revista Jurídica da Seção Judiciária de Pernambuco*, n. 12, 2019.

MINAS GERAIS. Assembleia Legislativa. *Definidos os blocos parlamentares que atuarão na ALMG*, 6 fev. 2019. Disponível em: https://www.almg.gov.br/acompanhe/noticias/arquivos/2019/02/06_plenario_blocos_parlamentares.html. Acesso em 12 out. 2022.

MIRANDA, Jorge. *Manual de direito constitucional* – preliminares: o estado e os sistemas constitucionais. 9. ed. Coimbra: Coimbra Editora, 2011. t. I.

MIRANDA, Jorge; MEDEIROS, Rui. *Constituição portuguesa anotada*. Coimbra: Coimbra Editora, 2006. t. II.

MONAGHAN, Andrew. *The New Politics of Russia*: Interpreting Change. Manchester: Manchester University Press, 2016.

MOY, Joyanna. Recent trends in unemployment and the labor force, 10 countries. *Monthly Labor Review*, Aug. 1985. Disponível em: https://www.bls.gov/opub/mlr/1985/08/art2full.pdf. Acesso em: 26 ago. 2022.

NEEF, Christian; SCHEPP, Matthias. The puppet president: Medvedev's betrayal of Russian Democracy. *Spiegel International*, 2011. Disponível em: https://www.spiegel.de/international/world/the-puppet-president-medvedev-s-betrayal-of-russian-democracy-a-789767.html. Acesso em: 26 jun. 2022.

NEVES, Marcelo. Semipresidencialismo é desastre constitucional. *Folha de São Paulo*, São Paulo, 13 abr. 2022. Disponível em: https://www1.folha.uol.com.br/opiniao/2022/04/semipresidencialismo-e-desastre-constitucional.shtml. Acesso em: 1 out. 2022.

NORTHCUTT, Wayne. François Mitterrand and the Political Use of Symbols: The Construction of a Centrist Republic. *French Historical Studies*, v. 17, n. 1, p. 141-158, 1991.

NOVAIS, Jorge Reis. *Semipresidencialismo*: teoria geral e sistema português. 3. ed. Coimbra: Almedina, 2021.

OCTOBER Manifesto. *In:* BRITANNICA. *Encyclopaedia Britannica*. [*S. l.*]: Encyclopædia Britannica, Inc. Corporate Site, [2022]. Disponível em: https://www.britannica.com/event/October-Manifesto. Acesso em: 23 ago. 2022.

O QUE é a "Geringonça portuguesa"? *Medium*, 2 maio 2018. Disponível em: https://medium.com/geringon%C3%A7a/o-que-%C3%A9-a-geringon%C3%A7a-portuguesa-73abc8907436. Acesso em: 19 out. 2022.

O'NEIL, Patrick. Presidential Power in Post-Communist Europe: The Hungarian Case in Comparative Perspective. *Journal of Communist Studies*, v. 9, n. 3, p. 177-201, 1993.

OSIPOV, Igor; SMORGUNOV, Leonid. *The Concept of Constitution in History of Political Thought*. Warsaw: De Gruyter, 2018. p. 123-143. Disponível em: https://www.degruyter.com/document/doi/10.1515/9783110581928-010/html. Acesso em: 4 jun. 2022.

OTERO, Paulo. *O poder de substituição em direito administrativo*. Lisboa: Lex, 1995. 2 v.

PACHUKANIS, Evguiéni. *Teoria geral do direito e do marxismo*. 1. ed. São Paulo: Boitempo, 2017.

PARLAMENTO de Portugal rejeita orçamento e abre caminho para derrubar o governo. *G1*, 27 out. 2021.

PASQUINO, Gianfranco. The Advantages and Disadvantages of SemiPresidentialism: A West European Perspective. In: ELGIE, Robert; MOESTRUP, Sophia (ed.). *Semi-Presidentialism Outside Europe*. London: Routledge, 2007. p. 14-29.

POLÍTICO da oposição russa, Boris Nemtsov é morto a tiros em Moscou. *G1 Mundo*, 27 fev. 2015. Disponível em: https://g1.globo.com/mundo/noticia/2015/02/politico-da-oposicao-russa-boris-nemtsov-e-morto-tiros-em-moscou.html. Acesso em: 15 jun. 2022.

POLÔNIA. Poland 1997 (rev. 2009). *Constitute*, [1997]. Disponível em: https://www.constituteproject.org/constitution/Poland_2009?lang=en. Acesso em: 27 set. 2022.

PORTAL CÂMARA DOS DEPUTADOS. *Grupo de trabalho que discute semipresidencialismo vê avanços na redução do número de partidos*. Deputados e membros do conselho consultivo rejeitam consulta popular para aprovar novo sistema de governo, 4 maio 2022. Disponível em: https://www.camara.leg.br/noticias/871630-grupo-de-trabalho-que-discute-semipresidencialismo-ve-avancos-na-reducao-do-numero-de-partidos/. Acesso em: 19 out. 2022.

PORTUGAL. Tribunal Constitucional. Acórdão 142/85, de 7 de setembro. *Diário da República*: Lisboa, p. 8369, 7 set. 1985. Disponível em: https://dre.tretas.org/dre/21707/acordao-142-85-de-7-de-setembro. Acesso em: 15 out. 2022.

PORTUGAL. Decreto do Presidente da República nº44-A/2011. *Diário da República Electrónico*: Lisboa, 2011. Disponível em: https://files.dre.pt/1s/2011/04/06901/0000200002.pdf. Acesso em: 15 out. 2022

PORTUGAL. Decreto do Presidente da República nº 91/2021, de 5 de dezembro de 2021. *Diário da República Electrónico*: Lisboa, 5 dez. 2021a. Disponível em: https://dre.pt/dre/detalhe/decreto-presidente-republica/91-2021-175397134. Acesso em: 17 out. 2022.

PORTUGAL. Parecer do Conselho de Estado nº1/2021. *Diário da República*: Lisboa, 5 dez. 2021b. Disponível em: https://files.dre.pt/1s/2021/12/234b00/0000300003.pdf. Acesso em: 17 out. 2022.

PORTUGAL. Portugal 1976 (rev. 2005). *Constitute*, [1976]. Disponível em: https://www.constituteproject.org/constitution/Portugal_2005?lang=en. Acesso em: 27 set. 2022.

POULARD, Jean V. The French Double Executive and the Experience of Cohabitation. *Political Science Quarterly*, v. 105, p. 243-267, n. 2, 1990.

PROJET de loi constitutionnelle portant modification du titre IX de la Constitution. *Sénat* – Rapports Législatifs, 31 jan. 2007. Disponível em: https://www.senat.fr/rap/l06-194/l06-19411.html. Acesso em: 22 ago. 2022.

QU'EST-CE que l'évaluation des politiques publiques? *Vie Publique*, 2 jul. 2022. Disponível em: https://www.vie-publique.fr/eclairage/21987-evaluation-des-politiques-publiques-instrument-de-la-reforme-de-letat. Acesso em: 21 ago. 2022.

REPÚBLICA FRANCESA. Code de la Défense. Version en vigueur au 8 août 2022. *Légifrance*, [2022]. Disponível em: https://www.legifrance.gouv.fr/codes/article_lc/LEGIARTI000020932642/#:~:text=Le%20Premier%20ministre%20pr%C3%A9pare%20et,en%20mati%C3%A8re%20d'intelligence%20%C3%A9conomique. Acesso em: 20 ago. 2022.

REPÚBLICA FRANCESA. Constitution du 4 octobre 1958. *Légifrance*, [1958]. Disponível em: https://www.legifrance.gouv.fr/loda/id/LEGIARTI000006527458/1958-10-05/#LEGIARTI000006527458. Acesso em: 10 ago. 2022.

REPÚBLICA FRANCESA. Décret nº 90-82 du 22 janvier 1990 relatif à l'évaluation des politiques publiques. *Légifrance*, 1990.

REPÚBLICA FRANCESA. Loi constitutionnelle nº 2000-964 du 2 octobre 2000 relative à la durée du mandat du Président de la République. *Légifrance*, [2000]. Disponível em: https://www.legifrance.gouv.fr/jorf/id/JORFTEXT000000219201. Acesso em: 29 ago. 2022.

REPÚBLICA FRANCESA. Rapport du Comité de réflexion et de proposition sur la modernisation et le rééquilibrage des institutions de la Ve République. *Legifrance*, 30 oct. 2007. Disponível em: https://www.legifrance.gouv.fr/jorf/article_jo/JORFARTI000001116572. Acesso em: 14 ago. 2022.

RESULTS of Presidential Elections 1996-2004. Russia Votes. *Centre for the Study of Public Policy University of Strathclyde*, 21 Apr. 2022. Disponível em: https://www.russiavotes.org//president/presidency_96-04.php. Acesso em: 22 jun. 2022.

ROCHA, Guilherme Lúcio. Vice de Rui Costa declara apoio a Bolsonaro na Bahia. João Leão (PP) foi eleito deputado federal pela Bahia e rompeu com governador Rui Costa. *Valor*, 10 out. 2022. Disponível em: https://valor.globo.com/politica/eleicoes-2022/noticia/2022/10/10/vice-de-petista-na-bahia-declara-apoio-a-bolsonaro-chega-de-pt.ghtml. Acesso em 12 out. 2022.

ROTH, Andrew. Critics say Russian vote that could allow Putin to rule until 2036 was rigged. *The Guardian*, 2 Jul. 2020. Disponível em : https://www.theguardian.com/world/2020/jul/02/vladimir-putin-wins-russia-vote-that-could-let-him-rule-until-2036. Acesso em: 1 jul. 2022.

RUSSEL, Martin. Briefing. Constitutional change in Russia: More Putin, or preparing for post-Putin? *European Parliamentary Research Service*, May 2020. Disponível em: https://www.europarl.europa.eu/RegData/etudes/BRIE/2020/651935/EPRS_BRI(2020)651935_EN.pdf. Acesso em: 11 jun. 2022.

RÚSSIA. *Atas da Reunião da Duma de Estado, dia 12 de maio de 2004*. Disponível em: https://sozd.duma.gov.ru/events_document/55731A03-53E5-41D1-9724-6ACE0D727F1D/2004 Acesso em: 10 jun. 2022.

RÚSSIA. Russian Federation 1993 (rev. 2014). *Constitute*, [1993]. Disponível em: https://www.constituteproject.org/constitution/Russia_2014?lang=en. Acesso em: 15 jun. 2022.

SAMUELS, David J.; SHUGART, Matthew S. *Presidents, Parties, Prime Ministers*: How the Separation of Powers Affects Party Organization and Behavior. Cambridge: Cambridge University Press, 2010.

SARTORI, Giovanni. *Comparative Constitutional Engineering*: An inquiry into Structures, Incentives and Outcomes. London: Macmillan Press, 1994.

SARTORI, Giovanni. Nem presidencialismo, nem parlamentarismo. *Novos Estudos Cebrap*, São Paulo, v. 1, n. 35, p. 3-14, mar. 1993.

SESSÃO nº 168 – Sobre a nomeação pelo Presidente da Federação Russa de um candidato ao cargo de Presidente do Governo da Federação Russa, 10 abr. 2018a. Disponível em: http://transcript.duma.gov.ru/api_search/?kodz=310&kodvopr=2. Acesso em: 23 jun. 2022.

SESSÃO nº 171 – Sobre a nomeação pelo Presidente da Federação Russa de um candidato ao cargo de Presidente do Governo da Federação Russa, 17 abr. 2018b. Disponível em: http://transcript.duma.gov.ru/api_search/?kodz=313&kodvopr=3. Acesso em: 23 jun. 2022.

SESSÃO nº 43 – Sobre a nomeação pelo Presidente da Federação Russa de um candidato ao cargo de Presidente do Governo da Federação Russa, 10 ago. 1996. Disponível em: http://transcript.duma.gov.ru/api_search/?kodz=185&kodvopr=2. Acesso em: 23 jun. 2022.

SESTANOVIC, Stephen. Vladimir Putin is suddenly on the defensive against corruption *Washington Post*, 22 Jul. 2017. Disponível em: https://www.washingtonpost.com/news/democracy-post/wp/2017/06/22/vladimir-putin-is-suddenly-on-the-defensive-against-corruption/. Acesso em: 11 jun. 2022.

SHIMER, David. Election meddling in Russia: When Boris Yeltsin asked Bill Clinton for help. *The Washington Post*, 26 Jun. 2020. Disponível em: https://www.washingtonpost.com/history/2020/06/26/russian-election-interference-meddling/. Acesso em: 28 jun. 2022.

SHLEIFER, Andrei; TREISMAN, Daniel. *A normal country*, 23 out. 2003. Disponível em: https://papers.ssrn.com/sol3/papers.cfm?abstract_id=460920. Acesso em: 21 jun. 2022.

SHUGART, Matthew S.; CAREY, John M. *Presidents and Assemblies*. Constitutional Design and Electoral Dynamics. Cambridge: Cambridge University Press, 1992.

SIAROFF, Alan. Comparative presidencies: The inadequacy of the presidential, semi-presidential and parliamentary distinction. *European Journal of Political Research*, v. 42. Issue 3, May, 2003. Disponível em: https://ejpr.onlinelibrary.wiley.com/doi/full/10.1111/1475-6765.00084. Acesso em: 22.08.2022.

SIAROFF, Alan. Comparative Presidencies: The Inadequacy of the Presidential, Semi-Presidential and Parliamentary Distinction. *European Journal of Political Research*, v. 42, p. 287-312, n. 3, 2003.

SILVA, Newton Ferreira da. O Leviatã soviético: Estado hobbesiano e autocracia stalinista na Rússia Revolucionária. *Processando o Saber*, n. 9, 2017. Disponível em: https://fatecpg.edu.br/revista/index.php/ps/article/view/64/51. Acesso em: 3 jun. 2022.

SILVA, Suzana Tavares. *Direito constitucional*. Coimbra: Instituto Jurídico Faculdade de Direito da Universidade de Coimbra, 2016.

SÍRIA. *Syrian Arab Republic 2012*, [2012]. Disponível em: https://www.constituteproject.org/constitution/Syria_2012?lang=en.

Acesso em: 22 ago. 2022.

SKACH, Cindy. *Borrowing Constitutional Designs. Constitutional Law in Weimar Germany and the French Fifth Republic*, Princeton: Princeton University Press, 2005.

STATUT Pénal. *Vie Publique*, [2022]. Disponível em: https://www.vie-publique.fr/sites/default/files/rapport/pdf/024000635.pdf. Acesso em: 22 ago. 2022.

STF. *SAE Talks* – Assembleia Nacional Constituinte e o Desenho do Sistema Político Brasileiro. [S. l.: STF], 2022. 1 vídeo (1 h 29 min 40 ss). Disponível em: https://www.youtube.com/watch?v=KU0gqdG-RvA. Acesso em 23 set. 2022.

TAVARES, Marcelo Leonardo. Semipresidencialismo francês A relação entre o "rei" e o "pequeno príncipe". *Revista de Informação Legislativa*, ano 55, n. 217, jan./mar. 2018.

TEMER, Michel. O semipresidencialismo. *O Estado de São Paulo*, São Paulo, 11 set. 2019. Disponível em: https://opiniao.estadao.com.br/noticias/espaco-aberto,o-semipresidencialismo,70002917146. Acesso em: 23 set. 2022.

TIMOR-LESTE. Timor-Leste 2002. *Constitute*, [2002]. Disponível em: https://www.constituteproject.org/constitution/East_Timor_2002?lang=en. Acesso em: 23 set. 2022.

TOLZ, Vera; TEPER, Yuri. Broadcasting agitainment: A new media strategy of Putin's third presidency. *Post-Soviet Affairs*, 2018.

TRADUÇÃO do conteúdo do Portugal – memorando de políticas econômicas e financeiras, 17 maio 2011. Disponível em: https://www.imf.org/external/np/loi/2011/prt/por/051711p.pdf. Acesso em: 18 out. 2022.

TREISMAN, Daniel. After Yeltsin comes...Yeltsin. *Foreign Policy*, n. 117, p. 74-86, 1999-2000. Disponível em: https://www.jstor.org/stable/pdf/1149563.pdf?refreqid=excelsior%3Acf7b8f96af52785973c305751358d57b&ab_segments=&origin=&acceptTC=1. Acesso em: 26 jun. 2022.

UNIÃO DAS REPÚBLICAS SOCIALISTAS SOVIÉTICAS (URSS). *Constitution* (Fundamental Law) (1977). Adopted at the Seventh (Special) Session of the Supreme Soviet of the USSR Ninth Convocation On October 7, 1977. Disponível em: http://www.departments.bucknell.edu/russian/const/77cons01.html#I. Acesso em: 5 jun. 2022.

UNIÃO DAS REPÚBLICAS SOCIALISTAS SOVIÉTICAS (URSS). *Constitution* (1924). Disponível em: http://pwerth.faculty.unlv.edu/Const-USSR-1924(abridge).pdf. Acesso em: 8 jun. 2022.

VIEGAS, Nonato. PT, MDB e PL juntos no Rio de Janeiro. *O Bastidor*, 4 maio 2022. Disponível em: https://obastidor.com.br/politica/pt-mdb-e-pl-juntos-no-rio-de-janeiro-3310 Acesso em: 12 out. 2022.

WALKER, Shaun. 30 Greenpeace activists charged with piracy in Russia. *The Guardian*, 3 Oct. 2013. https://www.theguardian.com/environment/2013/oct/03/greenpeace-activists-charged-piracy-russia. Acesso em: 13 jun. 2022.

WHISEHUNT, William Benton. In Search of Legality: Mikhail M Speranskii and the Codification of Russian Law. *East European Monographs*, Michigan, 2008.

YELTSIN redraws political map. *BBC News World Edition*, 10 Aug. 1999. Disponível em: http://news.bbc.co.uk/2/hi/europe/415087.stm. Acesso em: 7 jun. 2022.